Marcelo Paiva

REDAÇÃO DISCURSIVA E OFICIAL

Marcelo Paiva

REDAÇÃO DISCURSIVA E OFICIAL

2ª edição
revista e ampliada

ALUMNUS
2012

Paiva, Marcelo

Redação Discursiva e Oficial / Marcelo Paiva. – Brasília : Alumnus, 2012.

200 p. ; 22,8 cm.

ISBN 978-85-65295-17-8

1. Técnicas de redação. 2. Concursos públicos. I. Título.

CDU 82.08

Diretoria Editorial: Engels Rego e Antonio Geraldo Pinto M. Junior

Gerência Editorial: Mariana Carvalho

Editoria e Produção Editorial: Maria Neves

Projeto Gráfico e Editoração Eletrônica: M&B Serviços Editoriais

Capa: (Projeto gráfico, criação e ilustração): Ralfe Design

www.alumnus.leya.com.br

Dedico a minha mãe, Lígia.
Se hoje trabalho com atividades
relacionadas à escrita, devo muito
ao seu amor aos livros.

Sumário

1 – REDAÇÃO DISCURSIVA 15

CAPÍTULO 1 – COMPETÊNCIA TEXTUAL 17

1. Qualidades de um Texto 18
   1.1 Clareza 18
   1.2 Concisão 18
   1.3 Formalidade 19
   1.4 Objetividade 20
   1.5 Simplicidade 21
   1.6 Correção gramatical 21
2. Níveis de Linguagem 22
   2.1 Linguagem formal 22
   2.2 Linguagem coloquial 22
3. Escolha da Palavra 23
4. Clareza no Sentido 23
5. Pleonasmo 25
6. Vocabulário e Expressões Adequadas 25

CAPÍTULO 2 – PERÍODO ADEQUADO 55

1. Qualidades de um Bom Período 55
   1.1 Seja direto ao apresentar a ideia 55
   1.2 Seja claro 56
   1.3 Use a ordem direta (sujeito-verbo-complemento) 56
   1.4 Prefira a voz ativa 56
   1.5 Construa seu texto com afirmativas 57
   1.6 Evite gerúndio 57
   1.7 Use até três verbos para formar seu período 57

CAPÍTULO 3 – PARÁGRAFO ADEQUADO 61

1. Clareza e Objetividade na Abordagem Inicial 61
2. Conteúdo Argumentativo Adequado 63

3. Unidade Coerente e Coesa entre as Ideias 64
3.1 Definição do primeiro período 64
3.2 Coesão e coerência 65
4. Objetividade 66

CAPÍTULO 4 – ESTRUTURA DO TEXTO 69

Estrutura de Textos Dissertativos 72

CAPÍTULO 5 – PROVA DISSERTATIVA COM ESTRUTURA TÉCNICA 75

CAPÍTULO 6 – DEFEITOS DO TEXTO 83

1. Prolixidade 83
2. Frases Feitas 83
3. Falta de Paralelismo 84
4. Queísmo 85
5. Ambiguidade 86
6. Cacófato 87

CAPÍTULO 7 – TIPOLOGIA TEXTUAL 89

1. Dissertação 89
1.1 Estrutura de uma dissertação 90
2. Descrição 92
3. Narração 93

CAPÍTULO 8 – RESUMO-SÍNTESE 97

Como Resumir ou Sintetizar? 97

CAPÍTULO 9 – QUESTÕES OBJETIVAS DE REDAÇÃO 109

CAPÍTULO 10 – TEMAS DE PROVAS E CONCURSOS 117

GABARITO 125

2 – REDAÇÃO OFICIAL ... 129

CAPÍTULO 1 – REDAÇÃO OFICIAL ... 131

1. Histórico ... 131

CAPÍTULO 2 – LINGUAGEM DOS ATOS ... 133

1. Clareza ... 133
2. Concisão ... 133
3. Formalidade e Correção Gramatical ... 135
4. Impessoalidade ... 135
5. Objetividade ... 135
6. Simplicidade ... 135
7. Uniformidade ... 136
8. Correção ... 136

CAPÍTULO 3 – PRONOMES DE TRATAMENTO ... 137

1. Concordância com os Pronomes de Tratamento ... 137
2. Concordância de Pessoa ... 137
4. Concordância de Gênero ... 138
5. Grafia ... 138
6. Tratamento e Variações Pronominais ... 138

CAPÍTULO 4 – FECHOS PARA COMUNICAÇÕES ... 145

CAPÍTULO 5 – IDENTIFICAÇÃO DO SIGNATÁRIO ... 147

CAPÍTULO 6 – ORIENTAÇÕES NORMATIVAS ... 149

1. Diagramação ... 149
2. Abreviaturas ... 150
3. Siglas ... 152
    3.1 Emprego de maiúsculas e minúsculas em siglas ... 153
4. Símbolos ... 154
5. Datas ... 154

CAPÍTULO 7 – COMUNICAÇÕES OFICIAIS ... 157

1. Alvará ... 157
2. Apostila ... 158
3. Ata ... 158

4. Atestado 160
5. Auto 160
6. Aviso 162
7. Certidão 163
8. Circular 164
9. Correio Eletrônico 165
10. Declaração 165
11. Despacho 166
12. Exposição de Motivos 167
13. Fax 168
14. Informação 169
15. Instrução Normativa 171
16. Memorando 173
17. Mensagem 174
18. Ofício 174
19. Ordem de Serviço 176
20. Parecer 177
21. Portaria 179
22. Relatório 181
23. Requerimento 182
24. Telegrama 183

QUESTÕES DE PROVAS 185

PROVAS DISCURSIVAS 198

GABARITO 199

Introdução

Esta nova edição do livro apresenta técnicas eficazes e práticas para que você possa escrever de forma adequada e correta na prova discursiva e nas questões de redação oficial. Embora as qualidades e os defeitos enumerados na obra sirvam para diversas estruturas dissertativas, nosso objetivo foi organizar o conteúdo especificamente para quem deseja aprovação em provas e concursos.

Não tenha dúvida: só escreve bem quem pratica muito. O dom para escrever pode ser fundamental na literatura. Em provas e concursos, ele participa muito pouco. Importa, na verdade, a capacidade de organizar o pensamento com abordagem direta, fundamentação consistente e técnica para expressar o conteúdo com clareza, objetividade, coerência, estrutura e correção gramatical.

Acrescentamos capítulo específico sobre redação oficial. Você encontrará os padrões normatizados e as principais orientações sobre a linguagem, o tratamento, o vocativo, o fecho, a assinatura e diversos modelos de atos e documentos oficiais.

Espero que o livro possa contribuir para o seu esperado sucesso. Esse é o meu objetivo principal como professor. Por experiência, comprovo que a persistência promove resultados positivos e impressionantes. Em meus cursos, observo alunos com grande dificuldade que, em poucos meses, tornam-se excelentes autores. Tive a honra e o prazer de lecionar para candidatos que se sentiam incapazes de produzir bons textos no início do curso e, em poucos meses, foram aprovados com notas excepcionais nas provas de redação. Importante é acreditar, persistir e praticar. Parabéns a quem não desistiu e obteve a desejada aprovação. Você certamente será o próximo. Espero que o livro lhe seja muito útil.

O autor.

1

REDAÇÃO DISCURSIVA

CAPÍTULO 1
Competência Textual

Não tenhas medo das palavras grandes, pois se referem a pequenas coisas.
Para o que é grande os nomes são pequenos:
assim a vida e a morte, a paz e a guerra, a noite, o dia, a fé, o amor e o lar.
Aprende a usar, com grandeza, as palavras pequenas.
Verás como é difícil fazê-lo, mas conseguirás dizer o que queres dizer.
Entretanto, quando não souberes o que queres dizer,
usa palavras grandes, que geralmente servem para enganar os pequenos.
Arthur Kudner.

A redação para concurso apresenta características peculiares, que a distinguem da redação literária ou rotineira. A prova dissertativa revela a capacidade do candidado em expor o conteúdo aprendido em estruturas informativas, argumentativas, técnicas, narrativas ou descritivas. Nosso objetivo, assim, é capacitar você a ser competente e organizar seu texto de forma objetiva, clara, coerente, estruturada e correta gramaticalmente.

Ministro cursos de redação há mais de trinta anos. Cena comum, na primeira aula, é perguntar em sala quem acredita ter dificuldade para escrever. Quase todos levantam a mão. Os anos em sala de aula me mostraram que, na verdade, não se tem dificuldade para produzir sua redação. O candidato, geralmente, não escreve. Ele está acostumado a enviar mensagens eletrônicas, anotar comentários dos professores, rabiscar pequenas anotações no trabalho. Assim, ele nem sabe se tem dificuldade ou não. Simplesmente, vivemos de tal forma que a escrita deixou de ser exigida de forma relevante. O primeiro passo, então, é começar a praticar e entender as qualidades e os defeitos de uma prova dissertativa.

Outro aspecto que desejo realçar é a crença de que para escrever bem para provas e concursos deve-se ter um dom especial. Percebo que é importante possuir dom para fazer poema, literatura ou se aventurar em áreas artísticas. Texto para concurso é técnica. Na verdade, o dom literário muitas vezes atrapalha. Importante é adquirir competência textual por meio de técnicas simples e acessíveis. É o que abordaremos neste livro.

1. QUALIDADES DE UM TEXTO

A Língua Portuguesa, de vocabulário extenso e gramática complexa, permite ampla variação linguística. Destaco características básicas em relação a um bom texto. Boa prova dissertativa não significa texto rebuscado ou incompreensível. Pode-se afirmar que deve ser justamente o contrário. Assim, nossa primeira preocupação é apresentar qualidades fundamentais ao texto adequado: clareza, concisão, formalidade, objetividade, simplicidade e correção gramatical.

1.1 CLAREZA

O princípio da clareza consiste na habilidade de transmitir com exatidão um pensamento. Mais que inteligível, o texto deve ser claro de tal forma que não permita interpretação equivocada pelo leitor ou ouvinte. A compreensão do documento deve ser imediata. Para alcançar esse objetivo, é importante redigir orações na ordem direta, utilizar períodos curtos e eliminar o emprego excessivo de adjetivos. Além disso, deve-se excluir da escrita ambiguidades, obscuridades e rebuscamentos. O texto claro pressupõe o uso de sintaxe correta e de vocabulário ao alcance do leitor.

Recomendações:

a) releia o texto após escrevê-lo, para assegurar-se de que está claro;

b) empregue a linguagem técnica apenas em situações que a exijam;

c) certifique-se de que as conjunções realmente estabeleçam as relações sintáticas desejadas, no entanto evite o uso excessivo de orações subordinadas, pois períodos muito subdivididos dificultam o entendimento;

d) utilize palavras e expressões em outro idioma apenas quando forem indispensáveis, em razão de serem designações ou expressões de uso já consagrado ou de não terem exata tradução. Nesse caso, use aspas.

1.2 CONCISÃO

A concisão consiste em informar o máximo em um mínimo de palavras. No entanto, contenção de palavras não significa contenção de pensamentos. Por essa razão, não se devem eliminar fragmentos essenciais do texto com o objetivo de reduzir-lhe o tamanho. Os itens que nada acrescentam ao que já foi dito é que necessitam ser eliminados. A concisão colabora para a correção do texto, pois as chances de erro aumentam na mesma proporção que a quantidade de palavras. Mais que curtas e claras, as expressões empregadas devem ser precisas. Para redigir um texto conciso, é fundamental ter conhecimento do assunto sobre o qual se escreve.

Recomendações:

a) revise o texto e retire palavras inúteis, repetições desnecessárias, desmedida adjetivação e períodos extensos e emaranhados. Não acumule pormenores irrelevantes;

b) dispense, sempre que possível, os verbos auxiliares, em especial *ser*, *ter* e *haver*, pois a recorrência constante a eles torna a redação monótona, cansativa;

c) prefira palavras breves. Entre duas palavras opte pela de menor extensão.

1.3 FORMALIDADE

Nossa expressão, por meio da linguagem, está relacionada a inúmeras variáveis. Assim, usamos um tipo de linguagem em família, outra com amigos, outra, ainda, no trabalho. Ao conversarmos com uma criança, falamos de uma forma. Ao proferirmos uma palestra, falamos de outra. Essa capacidade de expressão possui diversos níveis.

A linguagem empregada na prova dissertativa deve ser formal e culta. No entanto, isso não significa linguagem rebuscada, incompreensível. É comum encontrar textos com verdadeiras acrobacias linguísticas com desprezível conteúdo.

Exemplo de linguagem rebuscada

> *O vetusto vernáculo manejado no âmbito dos Excelsos Pretórios, inaugurado a partir da peça* ab ovo, *contaminando as súplicas do petitório, não repercute na cognoscência dos frequentadores do átrio forense.* Ad excepcionem *o instrumento do Remédio Heroico e o* Jus Laboralis, *onde o* jus postulandi *sobeja em beneplácito do paciente e do obreiro. Hodiernamente, no mesmo diapasão, elencam-se os empreendimentos* in Judicium Specialis, *curiosamente primando pelo rebuscamento, ao revés do perseguido em sua prima gênese.*
>
> (Fragmento do artigo "Entendeu?", de Rodrigo Collaço. Disponível em: <www.amb.com.br>. Acesso em: nov. 2005)

Também não deve ser coloquial, com gírias, regionalismos etc.

Exemplo de linguagem coloquial

> *E aí, doutor, vou ou não vou ganhar minha indenização?" – perguntou por e-mail o cliente. O advogado prontamente respondeu: "O egrégio tribunal acolheu o supedâneo de nosso arrazoado e reformou a sentença prolatada dando a lide como transitada em julgado em prol do deprecante". O cliente, perplexo, ficou na mesma. Só entendeu o que o advogado quisera dizer quando, no final da mensagem, viu um "parabéns". Ou seja: vai ganhar, sim, a indenização (...).*
>
> (Fragmento do artigo "Falar difícil", de Joaquim Falcão. Disponível em: <www.amb.com.br>. Acesso em: nov. 2005)

1.4 OBJETIVIDADE

A objetividade consiste em ir diretamente ao assunto, sem rodeios e divagações. Para ser objetivo, é necessário escrever apenas as palavras imprescindíveis à compreensão do assunto. Redigir com objetividade é evidenciar a ideia central a ser transmitida e usar vocabulário de sentido exato, com referencial preciso, para facilitar a compreensão do leitor. Observe um exemplo de texto com falta de objetividade retirado de um artigo de uma revista de grande circulação nacional.

> *Investigar as causas principais que fizeram desabrochar no meu espírito durante os anos tão distantes da infância que não voltam mais e da qual poucos traços guardo na memória, já que tantos anos se escoaram, a vocação para a Engenharia é tarefa que pelas razões expostas, me é praticamente impossível e, ouso acrescentar que, mesmo para um psicólogo acostumado a investigar as profundezas da mente humana, essa pesquisa seria sobremodo árdua para não dizer impossível.*

Recomendações:

a) use frases curtas e evite intercalações excessivas ou inversões desnecessárias;

b) elimine os adjetivos que não contribuam para a clareza do pensamento;

c) corte os advérbios ou as locuções adverbiais dispensáveis;

d) seja econômico no emprego de pronomes pessoais, pronomes possessivos e pronomes indefinidos. Evite, por exemplo, *um tal, um outro, um certo, um determinado,* pois termos indefinidos juntos não contribuem para maior clareza, ao contrário, tornam o texto obscuro;

e) procure restringir o uso de conjunções e de pronomes relativos (*que, qual, cujo*);
f) não use expressões irrelevantes, pois tornam o texto artificial;
g) não use figuras de linguagem, frases ambíguas, circunlóquios;
h) se puder optar, escolha a voz ativa. No lugar de *Foram feitas muitas alterações pelos engenheiros*, prefira *Os engenheiros fizeram muitas alterações*;
i) não externe opiniões, reúna fatos;
j) use palavras específicas pertinentes ao assunto.

1.5 SIMPLICIDADE

Redigir com simplicidade significa escrever para o leitor. Se ele também é um especialista, pode-se empregar uma linguagem mais técnica. Se não, deve-se escrever com um vocabulário adequado à situação. O bom senso estabelecerá o equilíbrio entre a linguagem técnica e a comum. Com palavras adequadas e de conhecimento amplo, é possível escrever de maneira original e criativa e produzir frases elegantes, variadas, fluentes e bem interligadas.

Recomendações:
a) evite expressões e clichês do jargão burocrático e as formas arcaicas de construção de frases, assim como o coloquialismo e a gíria.
Exemplos:
Sendo o que nos resta para o momento ...;
Sem mais, é o que vai epigrafado ...;
Esse problema é uma coisa que deve ser considerada ...;
Aí o caso ficou resolvido.
b) prefira, em qualquer ocasião, palavras simples.
Por exemplo, a palavra *votar* é sempre melhor que *sufragar*.
c) adote como norma a ordem direta da frase, por ser a que conduz mais facilmente o leitor à essência da mensagem.

1.6 CORREÇÃO GRAMATICAL

Tópico de fundamental importância. Erros gramaticais comprometem o melhor pensamento.

2. NÍVEIS DE LINGUAGEM

A eficiência da comunicação depende do uso adequado do nível de linguagem. Certamente, você não escreveria da mesma forma um texto para um adulto e para uma criança. São pessoas com capacidade de entendimento diferente. Também o seu texto deve ser diferente para cada um deles. É necessário, assim, preocupar-se e muito com quem receberá o seu texto.

A redação de uma prova é direcionada para um professor que domina corretamente as regras gramaticais e entende o assunto solicitado na prova. Assim, procure fazer uso do nível de linguagem apropriado. Use a linguagem formal e não a coloquial.

2.1 LINGUAGEM FORMAL

Empregada por pessoas com mais formação acadêmica e intelectual. Observamos seu uso nos meios profissionais, universitários, diplomáticos, científicos. O vocabulário é rico em termos mais precisos e as regras gramaticais são mais adequadas à norma culta.

Exemplo:

> *O Supremo Tribunal Federal determinou o bloqueio imediato dos bens de todos os diretores envolvidos no escândalo do Banco do Brasil. A instituição deverá prestar contas dos gastos de seis diretorias que foram aliciadas por meio de propina para a liberação de verbas a agências publicitárias.*

2.2 LINGUAGEM COLOQUIAL

É o uso do idioma em sua forma mais espontânea e sem compromisso com as normas gramaticais. Geralmente, o texto apresenta gírias, figuras de linguagem, construções incompletas e com falhas gramaticais.

Exemplo:

> *Brother, dentro dessa nova edição do* Concurso 500 testes *tem tudo para que minha prova role na maior. Só de português são mais 800 questões. Ah, tem uma lista de livros e dicas para todos ficarem por dentro do que é moleza que caiu na prova. Vou encarar este estudo.*

Percebe-se, claramente, que nosso objetivo é o uso de linguagem formal na prova dissertativa. Isso não significa texto rebuscado e complicado. Linguagem formal indica também texto objetivo, claro, correto gramaticalmente.

3. ESCOLHA DA PALAVRA

A palavra é o início da expressão. Nosso objetivo é prepará-lo de forma adequada em todos os sentidos. Não queira escrever de forma adequada sem antes observar o uso dos termos em seu texto. A escolha da palavra é o início de um bom texto.

Em geral, os concursos esperam do candidato prova dissertativa com palavras pequenas e diretas ao assunto. Em provas técnicas e específicas, é necessário muitas vezes recorrer ao uso de vocabulário mais específico. Por exemplo, em texto jurídico, certamente a banca examinadora observará a diferença de sentido entre *domicílio, residência e habitação* assim como em *posse, domínio ou propriedade*. No entanto, isso ocorre em provas técnicas e não de maneira geral.

A leitura se torna fundamental. Não a leitura desatenta, interessada apenas em amenidades esporádicas ou no imediatismo da rotina. Leitura séria e continuada, com o auxílio de lápis e dicionário, a fim de marcar e procurar o sentido de palavras desconhecidas. Leitura para observar diferentes construções sintáticas e semânticas.

Por fim, necessário se faz redigir, redigir, redigir. É de muita importância que a pessoa passe a praticar a escrita. Ao escrever, você se encontra na situação de escolher palavras e construções para expressar suas ideias.

4. CLAREZA NO SENTIDO

A clareza no sentido de um texto deve ser de entendimento fácil e imediato. É desaconselhável empregar palavras ou expressões que produzem dúvidas ou pouco empregadas em nosso vocabulário. Observe exemplos de termos a serem evitados.

Aborígine	(índio, indígena)
Aceder	(concordar)
Aditar	(acrescentar)
Adjacência	(vizinhança)
Alcaide	(prefeito)
Alhures	(em outro lugar)

Alocução	(discurso curto)
Amplexo	(abraço)
Beneplácito	(consentimento)
Bisar	(repetir)
Bojo de, no	(junto com)
Bordejar	(andar ao redor)
Consentâneo	(adequado, apropriado)
Data natalícia	(aniversário)
Declinar	(de convite, recusar, resistir)
Edil	(vereador)
Escuso	(escondido, suspeito)
Esmaecido	(sem cor, desbotado)
Fazer colocação	(argumentar, opinar)
Hodierno	(atual)
Ilibado	(sem mancha)
Impoluto	(sem mancha)
Inaudito	(incrível)
Incauto	(imprudente)
Inquirir	(perguntar)
Interregno	(intervalo)
Intrépido	(corajoso)
Jaez	(qualidade, espécie)
Judicioso	(sensato)
Loquaz	(eloquente)
Múnus	(função, cargo)
Nababo	(milionário)
Perfunctório	(superficial)
Pernóstico	(pretensioso, pedante)
Porfia	(disputa, debate)
Prócer	(pessoa importante)
Refrega	(luta)
Reprimenda	(repreensão)
Trêfego	(irrequieto, astuto, manhoso)

5. PLEONASMO

Pleonasmo consiste na repetição de termos que, em certos casos, têm emprego legítimo, para conferir à expressão mais força, mais vigor, ou mesmo por questão de clareza. Na frase *Conheça-te a ti mesmo*, atribuída a Sócrates, a redundância (te = a ti) produz inegável efeito retórico. À exceção desses casos, o pleonasmo constitui vício inadequado em textos dissertativos.

Tomemos como exemplo a expressão *nem tampouco*. O termo *tampouco* já tem sentido negativo e equivale a *também não*. O emprego da segunda negativa (*nem*) é, portanto, redundante.

Observe pleonasmos a serem evitados.

Acordo amigável
Apenas tão só / apenas tão somente
Compartilhar com
Criar novos cargos
Deferimento favorável
Detalhe minucioso
Elo de ligação
E nem
Encarar de frente
Erário público
Exceder em muito
Expectativa futura
Experiência anterior
Expressamente proibido
Exultar de alegria, de felicidade
Fato verídico
Frequentar constantemente
Ganhar grátis
Há dois anos atrás
Hábitat natural
Outra alternativa
Panorama geral
Peculiaridade própria

Planejar antecipadamente
Prever antes / antecipadamente
Prosseguir adiante
Reincidir novamente
Repetir de novo / outra vez
Superávit positivo
Supracitado acima / anteriormente
Surpresa inesperada
Todos foram unânimes
Tornar a repetir
Totalmente lotado

6. VOCABULÁRIO E EXPRESSÕES ADEQUADAS

- **A CERCA DE – ACERCA DE – HÁ CERCA DE**

A cerca de: significa *a uma distância de.*
Exemplo:
Belo Horizonte fica a cerca de setecentos quilômetros de Brasília.

Acerca de: significa *sobre, a respeito de.*
Exemplo:
Falavam acerca do processo.

Há cerca de: significa *aproximadamente.*
Exemplo:
Há cerca de duas semanas, o processo foi protocolado.

- **ACIDENTE – INCIDENTE**

Acidente: acontecimento casual, fortuito, inesperado; ocorrência; qualquer acontecimento, desagradável ou infeliz, que envolva dano, perda, sofrimento ou morte.

Incidente: fato suscitado no desenrolar do processo que a ele fica vinculado como questão acessória, dependente de decisão judicial; que incide, que sobrevém; que tem caráter acessório, secundário; incidental, superveniente; acontecimento imprevisível que modifica o desenrolar normal de uma ação.

ACONTECER

O sentido do verbo acontecer é suceder ou realizar-se inesperadamente, de surpresa. Assim, não deve ser empregado para designar fato com data marcada.
Exemplos:
A festa acontecerá no próximo sábado. (Inadequado)
A festa ocorrerá no próximo sábado. (Adequado)

À CUSTA DE – A EXPENSAS DE – EM VIA DE

À custa de: tem o sentido de *à força de.*
Exemplos:
Obteve o resultado favorável à custa de muito trabalho.
Sem recursos desde o ano passado, vive à custa da família.

A expensas de: tem o mesmo sentido de *à custa de.* Pode-se grafar também *às expensas.*
Exemplo:
O prédio foi construído a expensas do governo local.

Em via de: tem o sentido de *a caminho de* ou *prestes a.* Não aceita a palavra *vias* na expressão.
Exemplo:
O processo está em via de ser encerrado.

AFERIR – AUFERIR

Aferir: cotejar (pesos, medidas etc.) com os respectivos padrões; examinar a exatidão dos instrumentos que servem para pesar, medir etc.; afilar, afinar.

Auferir: ter como resultado; conseguir, obter, colher.

AFIM – A FIM DE

Afim: que apresenta afinidade, semelhança, relação (de parentesco).
Exemplo:
Se o assunto era afim, por que não foi tratado no mesmo parágrafo?

A fim de: para, com a finalidade de, com o fito de.
Exemplo:
O projeto foi encaminhado com quinze dias de antecedência a fim de permitir a necessária reflexão sobre sua pertinência.

ALTERNATIVA

Significa outra opção, uma entre duas opções dadas, sucessão de duas coisas mutuamente excludentes, conforme o dicionário Aurélio. Houaiss, porém, admite o uso ampliado do termo, como uma de duas ou mais coisas. É recomendável adotar a acepção tradicional, por ser mais precisa. Assim, evite a expressão *várias alternativas*. Nesses casos, é melhor usar opções. Também não se adota a construção da frase *não nos restou outra alternativa*, por ser redundante (o emprego de alternativa dispensa o uso de outra). O certo é *não nos restou alternativa*. De acordo com a acepção adotada, a referência a uma alternativa traz implícita a existência de outra opção. É impróprio falar *em única alternativa*.

▶ À MEDIDA QUE – NA MEDIDA EM QUE

Á medida que: locução proporcional e significa *à proporção que, ao passo que, conforme*.
Exemplo:
A opinião popular mudava à medida que se aproximava a eleição.

Na medida em que: locução causal e significa *porque, porquanto, uma vez que, pelo fato de que*.
Exemplo:
Na medida em que foi constatada a sua inconstitucionalidade, o projeto foi arquivado.

▶ AMORAL – IMORAL

Amoral: moralmente neutro (nem moral, nem imoral); que não leva em consideração preceitos morais; estranho à moral.

Imoral: contrário à moral, às regras de conduta vigentes em dada época ou sociedade, ou ainda àquelas regras que um indivíduo estabelece para si próprio; falta de moralidade; indecoroso, vergonhoso.

▶ AMPLIAR

É pleonástica a forma *ampliado por mais um mês*, porque o verbo já tem o sentido de aumentar.
Exemplos:
O prazo foi ampliado por mais um mês. (Inadequado)
O *prazo foi ampliado em um mês.* (Adequado)

▶ AO ENCONTRO DE – DE ENCONTRO A

Ao encontro de: significa *em busca de, em favor de, encontrar-se com, corresponder ao desejo de*.

ALUMNUS

Exemplo:
Houve entendimento, pois a opinião da maior parte dos estudantes ia ao encontro das propostas da direção.

De encontro a: significa *oposição, contra, em contradição.*
Exemplo:
Houve divergência, pois a opinião da maior parte dos estudantes ia de encontro às propostas da direção.

▸ AO INVÉS DE – EM VEZ DE

Ao invés de: significa *ao contrário de* e encerra a ideia de oposição.
Exemplo:
Os juros, ao invés de baixarem, sobem.

Em vez de: significa *em lugar de, ao contrário de.*
Exemplo:
Estudou Direito Penal em vez de Direito Constitucional.

▸ A PARTIR DE – COM BASE

A expressão *a partir de* deve ser empregada em sentido temporal. Evite empregá-la no sentido de *com base em.*
Exemplos:
Ela prometeu iniciar o regime a partir do próximo mês.
O juiz proferiu a sentença a partir dos argumentos apresentados. (Inadequado)
O juiz proferiu a sentença com base nos argumentos apresentados. (Adequado)

▸ A PRINCÍPIO – EM PRINCÍPIO

A princípio: sentido de *inicialmente, no começo.*
Exemplos:
A princípio não gostei da cidade, porém com o tempo passei a me adaptar muito bem.
Ela a princípio não gostava do namorado.
A princípio, ele agiu sem maldade (no início, ele agiu sem maldade).

Em princípio: sentido de *em tese, teoricamente.*
Exemplos:
O campeonato ainda não terminou. Em princípio, o São Paulo será campeão novamente.
Em princípio, ele agiu sem maldade (teoricamente, ele agiu sem maldade).

ÀS CUSTAS DE

A expressão *às custas de* deve ser evitada, embora o *Dicionário Houaiss* já admita seu emprego com o significado de *às expensas de*. Registre-se que *custas* é palavra que designa despesas feitas em processo judicial. A forma tradicional é a mais indicada: *à custa de*.

ASSIM

O termo *assim* é usado após a apresentação de alguma situação ou proposta para ligá-la à ideia seguinte. Alterne com: *dessa forma, desse modo, diante do exposto, diante disso, consequentemente, portanto, por conseguinte, assim sendo, em consequência, em vista disso, em face disso.*

ATRAVÉS DE – POR MEIO DE

Através de pode ser empregado em três situações bem definidas:

a) de um lado a outro:
Exemplo:
Ela me viu através da janela de vidro.

b) movimento interno:
Exemplo:
O sangue corre através das veias.

c) relação à passagem do tempo:
Exemplo:
Ela foi me conhecendo melhor através dos anos.

Observe erros comuns no emprego do termo.
Exemplos:
O projeto será regulamentado através de novas leis. (Inadequado)
O projeto será regulamentado por meio de novas leis. (Adequado)

BASTANTE

Quando aplicado para intensificar o verbo ou o adjetivo, não se flexiona.
Exemplos:
Elas se esforçaram bastante para ter os mesmos direitos que os homens.
Eles ficaram bastante cansados.

Como pronome indefinido (antes de substantivo), concorda com o substantivo.
Exemplo:
O rapaz tem bastantes amigos.

BEM COMO

Evite repetir; alterne com *e, como (também), igualmente, da mesma forma*. Evite o uso, polêmico para certos autores, da locução *bem assim* como equivalente.

COMPARTILHAR

Significa *partilhar em companhia de*. Não se admite, por isso, a construção *ele compartilhou conosco*, por ser redundante. O certo é *ele partilhou conosco*.

DE COMUM ACORDO

É desaconselhável o uso da expressão *de comum acordo* por ser redundante.
Exemplo:
Os deputados decidiram, de comum acordo, defender a proposta de reforma.

Se houve acordo, evidentemente é comum a todos que dele participaram.

CONECTIVOS

Causais: *porque, como, visto que, uma vez que, porquanto, tendo em vista.*
Concessivas: *embora, conquanto, ainda que, posto que.*
Condicionais: *se, caso, contanto que, desde que.*
Conformativas: *como, conforme, consoante, segundo.*
Comparativas: *que, do que, tal qual, como.*
Consecutivas: *tão que, de modo que, de maneira que.*
Finais: *para que, a fim de que, com vista a.*
Proporcionais: *à medida que, à proporção que, ao passo que, tanto quanto.*
Temporais: *quando, até que, assim que, logo que.*
Conclusivas: *portanto, logo, pois.*
Adversativas: *porém, mas, entretanto, no entanto.*
Explicativas: *pois, porque, visto que.*
Aditivas: *e, nem, mas também, como também, bem como, mas ainda.*

CONTINUIDADE

Qualidade ou caráter do que é *contínuo*. Não é sinônimo de *continuação*.
Exemplos:
A sessão plenária teve continuidade nesta tarde. (incorreto)
A *sessão plenária teve prosseguimento nesta tarde.* (correto)

DEFERIMENTO – DIFERIMENTO

Deferimento: ato ou efeito de deferir, de atender ao que foi solicitado; despacho favorável; anuência, atendimento, consentimento; concessão, outorga.

Diferimento: ato ou efeito de diferir; adiamento, demora.

- **DEFESO – DEFESSO**

Defeso: que não é permitido; interditado, proibido.

Defesso: que se fatigou, cansado.

- **DEFERIR – DIFERIR**

Deferir: juridicamente significa *dar despacho favorável a* (o que se reivindica); atender a(o) que é solicitado; condescender; conceder (algo) a; outorgar.

Diferir: transferir para outra data; adiar, procrastinar; fazer durar; demorar, prolongar; ser diferente; distinguir-se.

- **DEGRADADO – DEGREDADO**

Degradado: que sofreu degradação; destituído de graus, títulos, funções etc.; rebaixado em sua condição moral; corrompido, degenerado; que sofreu deterioração; danificado, estragado.

Degredado: que ou o que foi condenado à pena de degredo, desterro; exilado.

- **DE FORMA QUE – DE FORMA A**

De forma (ou: maneira, modo) que: usa-se nas orações desenvolvidas.
Exemplos:
Fez a viagem de forma que se cansasse menos.
Deu recado de maneira que não deixasse dúvida.
Terminou o trabalho a tempo, de modo que pôde ir ao cinema.

De forma (ou: maneira, modo) a: usa-se nas orações reduzidas de infinitivo.
Exemplo: *Deu amplas explicações, de forma (ou: maneira, modo) a deixar tudo claro.*
Observação: As locuções *de forma que, de maneira que, de modo que, de sorte que, de molde que, de jeito que* não possuem plural.

- **DELATAR – DILATAR**

Delatar: denunciar a responsabilidade de alguém ou de si mesmo por crime; revelar (delito ou fato relacionado a um delito).

Dilatar: adiar, diferir, retardar; aumentar, expandir(-se), estender(-se).

- **DESCRIÇÃO – DISCRIÇÃO**

Descrição: em um processo, a enumeração circunstanciada, detalhada dos caracteres de algo; ato ou efeito de descrever; reprodução, traçado, delimitação; representação oral ou escrita de; exposição.

Discrição: capacidade de distinguir o certo do errado; discernimento; qualidade de discreto; qualidade do que não chama a atenção; qualidade de quem é reservado, comedido.

- **DESCRIMINAR – DESCRIMINALIZAR – DISCRIMINAR**

Descriminar: inocentar, absolver.

Descriminalizar: isentar de culpa; tornar evidente a ausência de crime ou contravenção; absolver, descriminar, impronunciar.

Discriminar: distinguir, diferenciar, separar.

- **DESMITIFICAR – DESMISTIFICAR**

Desmitificar: fazer cessar a mitificação (a conversão em mito) existente a respeito de pessoa ou coisa, tirar o mito.

Desmistificar: livrar ou tirar da mistificação (engano, burla, abuso da credulidade).

- **DESPENDER – DISPENDER**

Despender: fazer despesas, dispêndios; gastar; distribuir, espalhar, dar com liberalidade; prodigalizar; usar de; empregar, gastar.

Dispender: que exige muito dispêndio (de dinheiro); que dá despesa; caro; que consome muito (energia).

- **DESTRATAR – DISTRATAR**

Destratar: descompor oralmente, insultar.

Distratar: desfazer (trato, acordo, contrato etc.); anular, rescindir.

- **ELIDIR – ILIDIR**

Elidir: fazer desaparecer completamente; suprimir, eliminar.

Ilidir: destruir refutando, rebatendo, sobretudo em terminologia forense.

▸ EM FUNÇÃO DE

É preferível empregar essa expressão para designar relação funcional entre duas coisas, não para significar relação de causa e efeito.
Portanto, deve-se evitar seu emprego em frases como *A sessão foi suspensa em função do adiantado da hora.*

▸ EMINENTE – IMINENTE

Eminente: muito acima do que está em volta; proeminente, alto, elevado.

Iminente: que ameaça se concretizar, que está a ponto de acontecer; próximo, imediato.

▸ EMITIR – IMITIR

Emitir: expedir, emanar, enunciar, lançar fora de si.

Imitir: fazer entrar, investir.

▸ EMISSÃO – IMISSÃO – IMISÇÃO

Emissão: ato de emitir ou lançar de si; colocar em circulação.

Imissão: ato ou efeito de imitir(-se), de fazer entrar.

Imisção: ato de intrometer-se; interferência, intromissão, mistura.

▸ EM QUE PESE A – EM QUE PESE(M)

Nosso idioma aceita a construção com ou sem a preposição *a*. Com a preposição, o verbo deve ficar no singular.
Exemplos:
Falhou neste ponto, em que pese a sua dedicação.
Em que pese aos argumentos apresentados contra o acusado, ele será absolvido.

Sem a preposição *a*, o verbo concorda com o referente.
Exemplo:
Em que pesem as opiniões do ministro, ninguém aceitou a explicação.

Nos dois casos, o sentido é concessivo: *ainda que, embora, apesar de.*

▸ ENQUANTO

O vocábulo *enquanto* não apresenta sentido de condição profissional ou social. Seu uso deve se limitar a tempo:

Exemplos:
Enquanto chovia, ele escrevia o artigo. (Adequado)
Não gostava dele enquanto ministro. (Inadequado)

- **ENTENDER – INTENDER**

Entender: perceber ou reter pela inteligência; compreender, captar a intenção de; perceber a razão de, ter conhecimentos – teóricos ou práticos – ou ciência de; conhecer.

Intender: efetuar a administração de; dirigir, superintender.

- **ENTRE – DENTRE**

A preposição *entre* significa *meio-termo, intermédio, intervalo que separa as pessoas ou coisas umas das outras.* Não é sinônimo de *dentre*, que significa do *meio de.*
Exemplo:
Eles estão entre as duas árvores.

O uso correto da palavra *dentre* depende de o verbo exigir a preposição *de.*
Exemplo:
Dentre as árvores, eles vieram nos encontrar aqui.

- **ESPECIALMENTE**

Use também *principalmente, mormente, notadamente, sobretudo, nomeadamente, em especial, em particular.*

- **ETC.**

A expressão *etc.* deriva do latim *et cetera* e significa *e outras coisas.* Não deve, portanto, ser antecedida da conjunção *e.* A vírgula antes é opcional, embora diversos gramáticos a condenem. O próprio acordo ortográfico da língua portuguesa apresentou vírgula antes do *etc.* Prefira não usar.

- **ESTÂNCIA – INSTÂNCIA**

Estância: lugar onde se está ou permanece, morada, paragem, fazenda.

Instância: o território no qual uma autoridade exerce o Poder Judiciário; jurisdição, foro; cada um dos juízos hierarquicamente organizados que sucessivamente conhecem de causa e proferem decisão; qualidade do que é iminente.

ESTE – ESSE – AQUELE

O pronome demonstrativo *este, esse, aquele* – e variações apresenta diversas funções dentro da construção: pode indicar a pessoa do discurso, a relação a tempo, o referente adequado, retomar ou antecipar ideia presente no texto etc. Observe os usos adequados:

1. Em relação à pessoa do discurso, deve-se empregar o pronome demonstrativo da seguinte forma:
   - **este, esta, isto:** refere-se à pessoa que fala ou escreve (apresenta a ideia do aqui).
   - **esse, essa, isso:** refere-se à pessoa que ouve ou lê (apresenta a ideia do *aí*).
   - **aquele, aquela, aquilo:** refere-se à pessoa que se encontra distante (apresenta a ideia do *lá*).

   Exemplos:

   Este relatório que seguro.

   Esse relatório que você segura.

   Aquele relatório que se encontra na outra sala.

2. Em relação à posição da ideia a que se refere, deve-se empregar da seguinte forma:
   - **este, esta, isto:** em relação a uma ideia que ainda aparecerá no texto (termo catafórico).

     Exemplo:

     Quero lhe contar isto: não volte mais aqui.
   - **esse, essa, isso:** em relação a uma ideia que já apareceu no texto (termo anafórico).

     Exemplo:

     Não volte mais aqui. Era isso que eu queria lhe contar.

3. Em relação a tempo, deve-se empregar da seguinte forma:

   a) em referência a um momento atual, usa-se *este, esta* ou *isto.*

   Exemplos:

   Este dia está maravilhoso (dia atual).

   Esta semana está maravilhosa (semana atual).

   Este mês está maravilhoso (mês atual).

   Este ano está maravilhoso (ano atual).

   Este assunto que conversamos (assunto atual).

b) em relação a momento futuro próximo, usa-se também *este, esta* ou *isto*.
Exemplos:
Agora pela manhã chove, mas esta noite promete ser bonita (próxima noite).
Esta reunião de hoje à tarde será interessante (a reunião está próxima de ocorrer).
Hoje é quinta-feira e neste fim de semana viajarei (próximo fim de semana).

c) em relação a momento futuro distante, usa-se *esse, essa* ou *isso*.
Exemplos:
Um dia você será capaz de entender o que ocorreu.
Nesse dia, você me perdoará.

d) em relação a momento passado recente, usa-se *esse, essa* ou *isso*.
Exemplos:
Nesse fim de semana, fui a São Paulo (último fim de semana).
Nessa reunião, fiquei feliz (reunião que ocorreu recentemente).

e) em relação a tempo passado muito distante, usa-se *aquele, aquela* ou *aquilo*.
Exemplos:
Aquele fim de semana foi maravilhoso (fim de semana distante).
Naquela reunião, fiquei feliz (reunião que ocorreu há muito tempo).

4. Para diferenciar referentes citados anteriormente, usa-se *este, esta* ou *isto* para indicar o mais próximo ao pronome e usa-se *aquele, aquela e aquilo* para indicar o mais distante.
Exemplo:
O processo e o parecer já chegaram. Este (o parecer) *está ótimo, mas aquele* (o processo) *ainda está incompleto.*

5. Outros usos estilísticos
a) ao iniciar uma oração, desacompanhado de substantivo, que retoma ideia anterior e pode ser substituído por *isso*, pode-se empregar *este, esse* ou *aquele*.
Exemplo:
Não estudei o necessário. Este (ou *esse*) *foi meu pecado.*

b) podem-se colocar os pronomes *este* ou *esse* e suas variações após o substantivo para indicar ênfase.

Exemplo:
Encontrei uma linda e inteligente mulher há alguns anos em São Paulo, mulher esta (ou *essa*) *que se tornou minha esposa.*

c) os pronomes *este, esse* ou *aquele* – e variações, quando contraídos com a preposição *de* e pospostos a substantivos, devem ser empregados sempre no plural.
Exemplo:
Ele resolveu um problema daqueles.

▸ FACE A – EM FACE DE

Não existe a expressão *face a* na linguagem formal. O correto é *em face de.*
Exemplos:
Face o relatório apresentar erro. (Inadequado)
Em face de o relatório apresentar erro. (Adequado)

Embora frequente no meio jurídico, o galicismo *face a* não tem amparo normativo e, portanto, deve ser substituído por *em face de.* Nesse caso, pode-se recorrer a outras expressões equivalentes: *diante de, ante, perante, à face de, em frente de, em virtude de.*
Anote-se ainda que, do ponto de vista semântico, é inadmissível o uso de *em face de* para posicionar processualmente a parte contra quem se move ação. Nesse caso, deve-se utilizar a preposição *contra.*
Exemplos:
O agravo de instrumento foi provido face ao disposto no art. 120 da Constituição. (Inadequado)
O agravo de instrumento foi provido em face do disposto no art. 120 da Constituição. (Adequado)
Em face do / À vista do / Em vista do / Ante o / Diante do exposto, nega-se provimento ao recurso. (Adequado)
Ação de Reparação de Danos ajuizada pelo autor em face da empresa de materiais de construção. (Inadequado)
Ação de Reparação de Danos ajuizada pelo autor contra empresa de materiais de construção. (Adequado)

▸ FLAGRANTE – FRAGRANTE

Flagrante: visto ou registrado no próprio momento da realização (flagrante delito); que não pode ser contestado; evidente, manifesto, incontestável; cheio de ardor e de entusiasmo.

Fragrante: que exala bom odor; aromático, cheiroso, perfumado.

▸ GERÚNDIO

O gerúndio pode apresentar-se nas formas simples ou composta, conforme exemplos.

Encontrei o magistrado proferindo sentença (forma simples).

Os licitantes estão participando do certame (forma composta).

Uso adequado

Passando pelo mesmo caminho, a vítima foi atacada pelos réus (tempo).

Considerando o cumprimento da cláusula nos primeiros meses, torna-se evidente a má-fé da contratada (condição).

Mesmo alienando o veículo a terceiro, o recorrente responde pelas obrigações anteriores ao negócio jurídico (concessão).

Não alcançando o número de matrículas suficientes para formar a turma, foi cancelado o curso (causa).

Uso inadequado

Vou estar encaminhando o relatório ainda hoje. (Ideia pontual)

Encaminharei o relatório ainda hoje. (Adequado)

Encaminho a Vossa Excelência documento contendo dados e informações sobre os fatos relatados na reunião. (Ideia adjetiva)

Encaminho a Vossa Excelência documento com dados e informações sobre os fatos relatados na reunião. (Adequado)

A existência de coisa julgada envolvendo a matéria em análise impõe a extinção do feito. (Ideia adjetiva)

A existência de coisa julgada que envolve matéria em análise impõe a extinção do feito. (Adequado)

O Juiz analisou o caso decidindo pela condenação. (Ideia aditiva)

O Juiz analisou o caso e decidiu pela condenação. (Adequado)

▸ IMPLICAR

Quando exprime ideia de produzir, ser causa de, originar, o verbo implicar é transitivo direto – e, portanto, dispensa preposição.

Exemplos:

Pediu desculpas, mas advertiu que isso não implicava reconhecer o erro.

A mudança do sistema de governo implicará grandes transformações.

▸ INAPTO – INEPTO

Inapto: a quem falta aptidão; incapaz, inábil.

Inepto: que não produz efeitos jurídicos por não atender às exigências legais (diz-se de petição inicial, denúncia ou queixa); que denota falta de inteligência; desprovido de sentido; absurdo, confuso, incoerente.

▸ INCERTO – INSERTO

Incerto: relativo à incerteza, duvidoso, impreciso, ambíguo.

Inserto: que se inseriu; introduzido, inserido, incluído; inserido em uma publicação à maneira de encarte.

▸ INCIPIENTE – INSIPIENTE

Incipiente: que inicia, que está no começo; inicial, iniciante, principiante, inexperiente.

Insipiente: não sapiente; ignorante; tolo, néscio; sem juízo; insensato, imprudente.

▸ INCLUSIVE

Significa *abranger, compreender, incluir*. Só pode ser empregado quando, em situação oposta, couber exclusive ou excluindo.
Exemplo:
Todos foram viajar, inclusive as crianças.

É impróprio o emprego da palavra com o sentido de *até*.
Exemplo:
O ministro chegou inclusive a prometer abertura de sindicância.

▸ INDEPENDENTE OU INDEPENDENTEMENTE

Independente é adjetivo, e serve para qualificar um substantivo.
Exemplo:
Trata-se de um país independente.

Independentemente é advérbio e se associa a adjetivo ou verbo.
Exemplo:
Ele trabalhou independentemente de receber ordens.

▸ INFLAÇÃO – INFRAÇÃO

Inflação: aumento de volume; inchação, intumescimento.

Infração: violação de norma de direito penal; ato de praticar qualquer ilícito penal; ato ou efeito de infringir; transgressão das regras de um jogo; falta.

- **INFLIGIR – INFRINGIR**

Infligir: impor, aplicar (pena, castigo, repreensão etc.); cominar (multas); causar (algo desagradável) a; obrigar a suportar (algo lesivo, penoso ou doloroso).

Infringir: desobedecer a; violar, transgredir, desrespeitar.

- ***IPSIS LITTERIS – IPSIS VERBIS***

Ipsis litteris significa *pelas mesmas letras*. Só se emprega quando disser respeito à reprodução textual de algo na linguagem escrita.

Ipsis verbis significa *pelas mesmas palavras*. A indicação é usar para reprodução textual de algo de linguagem oral. É incorreto dizer que o orador repetiu *ipsis litteris* a informação do ministro. Ele o fez *ipsis verbis*.

- **JUNTO A**

A locução *junto a* deve ser empregada no sentido de *ao lado de, perto de, adido a*.
Exemplos:
O segurança posicionou-se junto ao réu.
O embaixador brasileiro junto a Portugal será homenageado.

Nos demais empregos, usa-se a preposição que o verbo pedir.
Exemplos:
O sindicato mantém as negociações com (e não *junto a*) *a diretoria.*
Solicitou providências do (e não *junto ao*) *ministério.*
Entrou com recurso no (e não *junto ao*) *Tribunal.*

- **MANDADO – MANDATO**

Mandado: ordem escrita que emana de autoridade judicial ou administrativa; prescrição de origem superior, de autoridade; determinação.

Mandato: no Direito Público, delegação conferida às pessoas para que representem o povo nas instituições; concessão de poderes para desempenho de representação; delegação.

- **MEDIANTE**

Não se recomenda o uso da preposição *mediante* em frases como:
O deputado apresentou emenda ao projeto, mediante pedido dos sindicatos.

Em benefício da clareza e do estilo, melhor substituir a expressão:
O deputado apresentou emenda ao projeto, a pedido (ou: *por pedido) dos sindicatos.*

▸ MESMO

Quando equivale a próprio, idêntico ou igual, é variável.

Exemplos:

Ela mesma arrumou a sala.

As vítimas mesmas recorreram à polícia.

O mesmo deputado apresentou parecer.

Não se emprega a expressão *o mesmo* no lugar de pronome ou substantivo.

Exemplo:

Chamei o garagista e ele não atendeu (e não *o mesmo não atendeu*).

▸ NA MEDIDA EM QUE – À MEDIDA QUE

Usa-se a locução *à medida que* para exprimir o desenvolvimento de ação simultânea a outra, de forma proporcional a outra.

Exemplos:

Permaneceu absorto a contemplar a paisagem, à medida que a noite chegava.

Ficava mais nervoso, à medida que a velocidade do carro aumentava.

Emprega-se *na medida em que* para significar a ideia de utilização de dado já existente ou para exprimir relação de causa-efeito.

Exemplos:

Na medida em que o relator apresentar seu parecer, a comissão poderá votá-lo imediatamente.

Devemos usar nossas prerrogativas de cidadãos, na medida em que elas existem.

▸ NEM – E NEM

Nem é conjunção aditiva que significa *e não, e tampouco*. Dispensa, portanto, a conjunção *e*.

Exemplos:

Não foram feitos reparos à proposta inicial, nem à nova versão do projeto.

Evite, ainda, a dupla negação *e nem, nem não, nem tampouco*.

▸ NORMALIZAR – NORMATIZAR

Normalizar: fazer voltar ou voltar ao estado normal, à ordem; regularizar(-se); estabelecer normas para; normatizar, padronizar, uniformizar.

Normatizar: criar normas para; normalizar.

▸ NO SENTIDO DE

A expressão não apresenta ideia de *finalidade*. Ela não deve ser empregada em substituição a *com vistas a, para, a fim de, com o objetivo de.*
Exemplo:
Ele agiu assim no sentido de melhorar a situação. (Inadequado)

A expressão é usada para explicar o significado de um termo ou ideia anterior:
Exemplo:
O termo Casa *foi empregado no sentido de "Congresso Nacional".*

▸ ONDE – AONDE – DE ONDE

Onde: significa *em que lugar, em qual lugar*. Usa-se com verbos ou nomes que pedem a preposição *em*.
Exemplo:
A cidade onde moro é bonita.

Aonde (a+onde): significa *a que lugar, lugar a que* ou *ao qual*. Usa-se com verbos que pedem a preposição *a*.
Exemplo:
A cidade aonde fui é bonita.

De onde (donde): significa *de qual lugar, de que lugar, daí*. É usado com verbos ou nomes que pedem a preposição *de*.
Exemplo:
A cidade de onde vim é bonita.

▸ OU SEJA

Locução invariável. Permanece no singular quando seguida de nome ou expressão no plural.
Exemplo:
Dois mil milhões, ou seja, dois bilhões.

▸ PALAVRAS ESTRANGEIRAS

Buscar sempre o similar em português, a menos que não exista, como é o caso da palavra *royalties*. Em caso de nome próprio, usar português, preferencialmente. Se não houver, usar o nome na forma estrangeira, sem aspas, grafado sem mistura de idiomas.
Exemplos:
Joanesburgo (e não *Johannesburgo).*
Nova Iorque (e não *Nova York).*

▸ PLEITO – PREITO

Pleito: questão judicial; litígio, demanda.

Preito: manifestação de veneração, de respeito etc.; homenagem; assunto, pacto, acordo, questão, negócio.

▸ PERCENTAGEM – PORCENTAGEM

Tanto faz usar percentagem ou porcentagem. Mas o adjetivo só tem uma forma: percentual. Na escrita, a percentagem pode ser expressa em algarismos seguida do símbolo % (3%, 10%), ou por extenso: trinta por cento. Diante de dois ou mais valores da porcentagem, deve-se usar o % em todos eles.
Exemplos:
O aumento oscilará entre 5% e 7% (e não: ... *entre 5 e 7%*).
O imposto deve subir de 25% para 27,5% (e não: ... *de 25 para 27,5%*).

▸ PORQUÊ

1. Por que

a) ao se substituir por *por qual motivo.*
Exemplos:
Por que você mentiu para mim?
Diga-me por que você mentiu.

b) ao se substituir por *pelo(a) qual* no singular ou no plural.
Exemplo:
A razão por que a despediu não foi justa.

c) em orações subordinadas substantivas introduzidas pela preposição *por* com a conjunção *que.*
Exemplo:
Anseio por que passes no concurso.

2. Por quê

Ao se substituir por *por qual motivo* no final da ideia.
Exemplo:
Partiste por quê?

3. Porque

Ao introduzir ideia explicativa, causal ou final. Pode-se substituir por *pois* ou *para que.*

Exemplos:
Não respondi porque não escutei a pergunta.
Faço votos porque sejas feliz.

4. Porquê

Ao exercer função de substantivo.
Exemplo:
O porquê do fato não nos interessa.

▸ **PRECEDENTE – PROCEDENTE**

Precedente: que precede; ocorrido previamente; anterior.

Procedente: que procede, que tem fundamento, que é justo, que se justifica; que provém, origina-se de (algum lugar); proveniente, oriundo, originário, descendente; que observa uma sequência lógica; racional, coerente, consequente.

▸ **PREEMINENTE – PROEMINENTE**

Preeminente: superior, eminente, excelso; que apresenta inexcedível perfeição material, moral ou intelectual; sublime, divino, augusto.

Proeminente: que se eleva acima do que o rodeia; que avança em ponta; saliente.

▸ **PRENUNCIAR – PRONUNCIAR**

Prenunciar: prever o que ainda não aconteceu; predizer, profetizar; preceder.

Pronunciar: juridicamente, significa *fazer pronúncia contra; expressar oralmente; proferir; articular.*

▸ **PREFERIR – PRETERIR – PROFERIR**

Preferir: escolher pessoa ou coisa entre outras; decidir-se por; gostar mais de uma coisa do que de outra.

Preterir: ir além de; superar, ultrapassar; deixar de lado; desprezar, rejeitar, menosprezar.

Proferir: dizer oralmente; pronunciar; dizer em voz alta ou fazer publicar; decretar.

▸ **PRESCREVER – PROSCREVER**

Prescrever: em Direito significa ficar sem efeito por ter decorrido certo prazo legal; caducar; ordenar antecipada e explicitamente; dar ordem ou determinação para que se faça (algo); estabelecer, determinar, preceituar; normatizar.

Proscrever: decretar o banimento de; banir, exilar, degredar, deportar.

▸ **PREVIDÊNCIA – PROVIDÊNCIA**

Previdência: qualidade do que é previdente; previsão do futuro; conjectura; faculdade de ver antecipadamente; antevidência, presciência.

Providência: presciência do futuro para acautelar-se com relação a ele; prudência, previdência; disposição prévia dos meios necessários para a consecução de um fim; ação concreta para a consecução de (algo); decisão, encaminhamento.

▸ **QUANDO DO (DA)**

A expressão é galicismo, por isso deve ser substituída por *no momento de, no tempo de, por ocasião de*:

Exemplos:

Por ocasião da consulta, o tribunal estava de recesso. (correto)

Quando da consulta, o tribunal estava de recesso. (incorreto)

▸ **RATIFICAR – RETIFICAR**

Ratificar: reconhecer a validade de compromisso assumido por pessoa não habilitada; confirmar, corroborar, roborar.

Retificar: tornar exato (algo); corrigir; emendar.

▸ **REMIÇÃO – REMISSÃO**

Remição: ato ou efeito de remir(-se); liberação de pena, de ofensa, de dívida; perdão, quitação, resgate; salvação de pecados por meio de expiação.

Remissão: ação de remitir, de perdoar; sentimento de misericórdia, de indulgência; compaixão; perdão dos pecados concedido pela Igreja.

▸ **SE(C)ÇÃO – SESSÃO – CESSÃO**

Se(c)ção: parte, divisão, departamento, ato de seccionar.

Sessão: espaço de tempo durante o qual se realiza reunião de um corpo deliberativo, consultivo, jurídico etc.

Cessão: ato de ceder, transferência de posse ou direito; desistência, renúncia; concessão de vantagem ou procedência a; outorga.

SE NÃO – SENÃO

Se não: quando o *se* é conjunção e inicia oração subordinada condicional, equivalendo a *caso não, quando não.*
Exemplos:
O acusado, se não (caso não) comparecer, será prejudicado.
São problemas que, se não (quando não) resolvidos, complicam a situação.

Senão: quando esta palavra equivale a *exceto, salvo, a não ser, de outro modo, do contrário, mas, mas sim, mas também.*
Exemplos:
Esta eficácia não se opera unicamente em favor do eleitor, senão (a não ser) *também dos partidos.*
Confessa, senão (do contrário) *serás preso.*

SENDO QUE

Essa expressão apresenta o sentido de causa em seu uso adequado. No entanto, quase sempre encontramos de forma incorreta na linguagem jurídica. Melhor evitar o uso.
Exemplo de uso inadequado:
Auxiliava sua ex-esposa constantemente, sendo que ainda pagava a mensalidade escolar dos filhos.

TAMPOUCO – TÃO POUCO

Tampouco: advérbio de sentido negativo e significa *também não, nem sequer.* Por isso dispensa o acompanhamento da partícula *nem.*
Exemplo:
Não compareceu à sessão eleitoral, tampouco se justificou.

Tão pouco: o advérbio *tão* modifica a palavra *pouco*, que pode ser advérbio ou pronome indefinido.
Exemplos:
Argumentou tão pouco (advérbio) que não convenceu os eleitores.
Revelou tão pouco (pronome indefinido) interesse pelo assunto.

TER POR – TER COMO

Usa-se *ter por norma, ter por hábito, ter por costume*, jamais *ter como*.

Exemplo:

Tenho por hábito despertar às 6 horas.

TRATA-SE DE

A expressão *trata-se de* é impessoal em nosso idioma e deve ficar sempre no singular:

Exemplo:

Trata-se de ações.

Sem o pronome e a preposição, concorda com o referente: *tratam os autos.*

UNÂNIME

Esse adjetivo tem o significado de relativo a todos. Não deve, portanto, ser acompanhado da palavra *todos*. A construção *Todos os membros da comissão foram unânimes em apoiar a moção* incorre no erro da redundância.

VERBOS DECLARATIVOS

As palavras têm significados e sentidos próprios, precisos. Elas atendem a necessidades específicas de expressão. No caso de verbos declarativos (normalmente intercalados em frases textuais), como dizer, afirmar, acrescentar, declarar, lembrar, é incorreto utilizá-los indiscriminadamente como sinônimos, a pretexto de evitar repetição de palavras.

A seguir, exemplos de verbos declarativos e seus significados exatos.

Acentuar, destacar, enfatizar, frisar: empregados para dar relevo a determinado fato ou argumento dentro de um contexto.
Acrescentar: somar nova ordem de ideias à declaração anterior.
Admitir, reconhecer: aplicável somente quando determinado fato ou argumento antes rejeitado é aceito, em geral a contragosto.
Aduzir: trazer ou acrescentar novas razões a fatos ou argumentos já expostos.
Afirmar: seu sentido é dizer ou declarar com firmeza; não deve, portanto, ser empregado quando a pessoa que fala demonstra hesitação ou dúvida.
Alegar: tem o sentido de apresentar argumento com intenção de defesa.
Argumentar: discutir ou apresentar raciocínio com a intenção de convencer.
Comentar: é dar opinião sobre fatos.

Concluir: só pode ser usado quando no encerramento do conjunto de declarações de uma mesma pessoa.

Confessar: reconhecer erro ou culpa.

Contestar: questionar fato ou argumento com a apresentação de provas.

Continuar, prosseguir: dar sequência a declarações ou argumentos.

Declarar: significa expor algo com solenidade.

Dizer: aplica-se em qualquer caso; é preferível abusar de seu emprego a recorrer a outros verbos inadequados.

Esclarecer: tornar claro o que estava confuso; esse verbo deve ser empregado com cautela, pois traz implícito um juízo de valor; quando se diz que fulano esclareceu algo, admite-se que o esclarecimento é verdadeiro, procedente.

Explicar: interpretar algo.

Garantir: assegurar ou responsabilizar-se por algo; como esclarecer, também esse verbo traz embutido um juízo de valor.

Informar: deve ser usado somente quando introduz notícia ou informação.

Justificar: demonstrar fato ou argumento com apresentação de provas.

Lembrar: deve ser empregado somente quando se referir a fato passado e já conhecido.

Revelar: é apresentar informação até então ignorada.

UMA VEZ QUE, EIS QUE, POSTO QUE, HAJA VISTA

Conectivos de causa são bem comuns em nosso idioma: *porque, uma vez que, visto que, porquanto, haja vista* etc. No entanto, é comum o uso de expressões inadequadas para indicar causa: *vez que, eis que, posto que, haja visto* não indicam causa.

Vez que não existe em nosso idioma. A forma adequada é *uma vez que.*
Exemplos:
O Tribunal solicitou a cópia, vez que não a possuía. (Inadequado)
O Tribunal solicitou a cópia, uma vez que não a possuía. (Adequado)

Eis que indica *surpresa, tempo.*
Exemplos:
Eis que tudo se resolveu. (Adequado)
O Tribunal solicitou a cópia, eis que não a possuía. (Inadequado)

Posto que indica *concessão* (embora, apesar de, ainda que).
Exemplo:
O Tribunal solicitou a cópia, posto que não a possuía. (Inadequado)

Haja vista: é a forma correta para indicar causa.
Exemplos:
O Tribunal solicitou a cópia, vez que não a possuía. (Inadequado)
O Tribunal solicitou a cópia, de vez que não a possuía. (Inadequado)
O Tribunal solicitou a cópia, eis que não a possuía. (Inadequado)
O Tribunal solicitou a cópia, posto que não a possuía. (Inadequado)
O Tribunal solicitou a cópia, haja visto não a possuir. (Inadequado)
O Tribunal solicitou a cópia, haja vista não a possuir. (Adequado)
O Tribunal solicitou a cópia, haja visto não a possuir. (Inadequado)

▸ VULTOSO – VULTUOSO

Vultoso: que faz grande volume; avultado, volumoso; considerável; de grande importância.

Vultuoso: acometido de vultuosidade (estado do rosto quando as faces e os lábios estão vermelhos e inchados, e os olhos salientes).

PRATICANDO 1

Indique a expressão destacada adequada para cada construção a seguir.

1. O governo gastou uma soma **vultosa/vultuosa**.

2. Tenho **bastante/bastantes** assuntos para conversar com você.

3. Os candidatos não sabiam **por que/porque** estavam ali.

4. Não concordo. As ideias vêm **de encontro aos/ao encontro dos** meus interesses.

5. O local se situa ao lado do prédio, **onde/aonde** trabalha o senador.

6. O local se situa ao lado do prédio **onde/aonde** você foi ontem.

7. Tudo foi concluído no prazo, **haja visto/haja vista** o esforço de todos.

8. Solicitamos (diretoria) a **esta/essa** presidência que nos apresente a solução.

9. **A princípio/Em princípio**, ele não gostou do livro, mas depois adorou.

10. Em relação ao assunto **acerca/a cerca** dos últimos resultados.

11. Minha irmã não sabe falar inglês, **tampouco/tão pouco** meu irmão.

12. Tenho **tão pouco/tampouco** interesse no livro.

13. Ela concordou. Sua opinião veio **de encontro à/ao encontro da** minha.

14. **Por quê/Por que** a prova foi difícil?

15. A prova foi difícil **por quê/por que**?

16. Ela soube agir com muita **descrição/discrição.**

17. **Em princípio/A princípio** a reunião será antes do almoço.

18. Não sei **porque/por que** ela não entendeu o assunto.

19. O jogador foi punido **afim de/a fim de** servir de exemplo.

20. O diretor não quer mais **porquês/por quês.**

21. Essas são as razões **por que/porque** não o visitei.

22. Concordo com tudo, pois vem **de encontro ao/ao encontro do** que defendo.

23. Sempre tive dúvidas **acerca de/a cerca de** seus atos.

24. Estou fazendo a prova sozinho, **a fim/afim de** mostrar o que sei.

25. Andávamos à tua procura **há cerca de/a cerca de** vinte minutos.

26. **Senão/Se não** voltar cedo, não conseguirá estudar.

27. **Trata-se/Tratam-se** de ações.

PRATICANDO 2

Todas as construções a seguir apresentam falha. Indique o erro.

1. A decisão acabou em discussão no plenário.

2. A reunião acontecerá dia 22 de junho, às 15 horas.
3. A data da reunião foi adiada.
4. Além de explicar bem oralmente, também trouxe impressos os argumentos.
5. Ele tinha diversas alternativas para evitar o problema.
6. Ao meu ver, tudo tinha sido resolvido.
7. O prazo foi ampliado por dois meses.
8. As inscrições começarão a partir da próxima semana.
9. Ele compartilhou conosco.
10. Os ministros decidiram em comum acordo defender a proposta.
11. A sessão teve continuidade nesta tarde.

PRATICANDO 3

Indique se o vocabulário está adequado em cada construção a seguir.

1. O departamento decidiu assim no sentido de promover o aprendizado.
2. O Tribunal solicitou a cópia, vez que não a possuía.
3. O Tribunal solicitou a cópia, de vez que não a possuía.
4. O Tribunal solicitou a cópia, eis que não a possuía.
5. O Tribunal solicitou a cópia, posto que não a possuía.
6. O Tribunal solicitou a cópia, haja visto não a possuir.
7. O Tribunal solicitou a cópia, haja vista não a possuir.
8. O desembargador recebeu o processo e analisará o mesmo rapidamente.
9. O relatório já chegou e o mesmo apresenta erros de conteúdo.

10. Poderá fazer por escrito o seu protesto, em petição dirigida ao juiz, e requerer que do mesmo se intime a quem de direito.

11. Em princípio não gostei da cidade, porém com o tempo passei a me adaptar muito bem.

12. Em princípio, viajarei no Natal, mas nada está confirmado.

13. Em que pese aos argumentos apresentados, ele será absolvido.

14. Em que pesem as opiniões do ministro, ninguém aceitou a explicação.

15. Não gostava dele enquanto ministro.

16. O Ministro ficou em dúvida, solicitando vista.

17. O acusado defendia-se dizendo que desconhecia o assunto.

18. Vou estar fazendo o parecer ainda hoje.

19. Texto contendo erros.

20. O órgão analisou o caso, decidindo assim.

21. O órgão analisou o caso e decidiu assim.

22. Tratam-se de ações trabalhistas.

23. Face o relatório apresentar erro.

24. Dentre os processos, tirou apenas um.

25. Dentre os candidatos, saiu vitorioso o mais comunicativo.

26. Dentre as autoridades estava o presidente da República.

27. O juiz proferiu a sentença a partir dos argumentos apresentados.

28. A opinião popular mudava à medida que se aproximava a eleição.

29. À medida que foi constatada a sua inconstitucionalidade, o projeto foi arquivado.

30. O amigo envelhecia a olhos vistos.

31. Houve entendimento, pois a opinião da maior parte dos estudantes ia de encontro às propostas da direção.

32. Houve divergência, pois a opinião da maior parte dos estudantes ia de encontro às propostas da direção.

33. Foi considerado como sendo o melhor funcionário do ano.

34. Ela se saiu bem perante ao juiz.

35. Ante ao juiz, ele vacilou.

36. O segurança posicionou-se junto ao réu.

37. O sindicato mantém as negociações junto à diretoria.

38. Solicitou providências junto ao Ministério.

39. Entrou com recurso junto ao Tribunal.

40. O desembargador que a esta subscreve.

41. Quando da consulta, o tribunal estava de recesso.

42. Quando do ocorrido, a legislação não era tão clara.

43. Não compareceu à seção eleitoral, tampouco se justificou.

44. O curso começa a partir do dia 16 de junho.

45. Remeteu o processo ao Ministério Público com vista à elaboração de parecer.

46. O Ministro pediu vistas.

47. Visto as provas apresentadas, não houve mais hesitação no encaminhamento do inquérito.

48. O processo epigrafado acima não traz a informação.

49. Resta provado que não há evidências.

50. Foi tomada tal decisão no sentido de facilitar o andamento do processo.

CAPÍTULO 2
Período Adequado

Procure sempre frases curtas. Uma, duas ou, no máximo, três orações por período. A frase curta tem diversas vantagens: torna o texto mais claro, objetivo e com menor número de erros. Períodos longos geralmente estão associados a ideias incertas e facilitam falhas na compreensão.

Este capítulo tem grande importância em nossa técnica. Geralmente, o candidato encontra dificuldade para começar o texto. Assim, recomendo iniciar por bons períodos. Escolha temas diversos e faça período com até três linhas. Diversas vezes e de formas diferentes. Obtenha confiança em você por meio desta técnica. Ao se sentir seguro, passe a fazer parágrafos e, depois, o texto completo.

1. QUALIDADES DE UM BOM PERÍODO

1. Seja direto ao apresentar a ideia.
2. Seja claro.
3. Use a ordem direta (sujeito-verbo-complemento).
4. Prefira a voz ativa.
5. Construa seu texto com afirmativas.
6. Evite gerúndio.
7. Use até três verbos para formar seu período.

1.1 SEJA DIRETO AO APRESENTAR A IDEIA

O texto a seguir apresenta a primeira falha de um período: falta objetividade. O autor escreveu de tal forma que o leitor tem dificuldade para entender o sentido exato.

> *É indispensável que se conheça o critério que se adotou para que sejam corrigidas as provas que se realizaram ontem, a fim de que se tomem as providências que forem julgadas necessárias, onde procuraremos solucionar os problemas que podem decorrer daquilo que for considerado obscuro, desde que de difícil solução, no entanto, duvidosos.*

1.2 SEJA CLARO

O exemplo a seguir foi uma circular interna do Banco Central. Observe a falta de clareza do autor ao desejar apresentar a ideia.

> *Os parentes consanguíneos de um dos cônjuges são parentes por afinidade do outro; os parentes por afinidade de um dos cônjuges não são parentes do outro cônjuge; são também parentes por afinidade da pessoa, além dos parentes consanguíneos de seu cônjuge, os cônjuges de seus próprios parentes consanguíneos.*

1.3 USE A ORDEM DIRETA (SUJEITO-VERBO-COMPLEMENTO)

A ordem direta facilita o entendimento. Certamente, você não a usará em todos os períodos. Em alguns momentos, é importante intercalar uma ideia ou antecipar um adjunto adverbial, por exemplo. No entanto, procure escrever em ordem direta, principalmente no início do parágrafo.

Evite iniciar a redação com: "Nos dias de hoje..."; "Atualmente..."; "No Brasil...". Evite também oração intercalada logo no início: "O governo Lula – como todos sabem – demonstra insegurança...".

1.4 PREFIRA A VOZ ATIVA

As construções em voz ativa demonstram que o sujeito é o agente da ação e dão firmeza ao pensamento.

Exemplos:

> *O governo adotou a medida.* (Adequado)
> *A medida foi adotada pelo governo.* (Inadequado)

> *O cidadão deve combater a violência.* (Adequado)
> *A violência deve ser combatida pelo cidadão.* (Inadequado)

Você deve usar voz passiva quando o sujeito paciente é mais importante do que o agente da passiva.

Exemplos:

O Congresso foi invadido por manifestantes. (Adequado)
Manifestantes invadiram o Congresso. (Inadequado)

O Supremo decidiu o assunto. (Adequado)
O assunto foi decidido pelo Supremo. (Inadequado)

1.5 CONSTRUA SEU TEXTO COM AFIRMATIVAS

Apresente sua ideia com afirmativas sobre o tema. Diga o que é. Não o que não é. Evite usar o *não* em redações.

Exemplos:

Ele não acredita que o ministro chegue a tempo. (Adequado)
Ele duvida que o ministro chegue a tempo. (Inadequado)

O presidente diz que não fará alterações na política econômica. (Inadequado)
O presidente nega alterações na política econômica. (Adequado)

1.6 EVITE GERÚNDIO

Você consegue substituir o gerúndio por ponto em quase todas as situações. Observe o exemplo a seguir:

Funcionários contratados pela empresa poderão cursar universidade no segundo semestre podendo, se forem estudiosos, concluir o curso em quatro anos, fazendo em seguida um curso de pós-graduação.

1.7 USE ATÉ TRÊS VERBOS PARA FORMAR SEU PERÍODO

O período longo é o principal erro em redação. Acredito que com prática e dedicação você perceberá como ele impede o bom texto. Observe o exemplo com período longo:

Mesmo fervidas diariamente, as lentes de contato gelatinosas ficam impregnadas de sujeira, o que pode até causar conjuntivite, mas, desde o começo do ano, os míopes da Califórnia podem resolver o problema jogando as lentes no lixo, pois lá acabam de ser lançadas lentes descartáveis que custam apenas 2,5 dólares cada, que só em julho estarão disponíveis no Brasil.

Veja como fica melhor:

Mesmo fervidas diariamente, as lentes de contato gelatinosas ficam impregnadas de sujeira, o que pode causar conjuntivite. Desde o começo do ano, porém, os míopes da Califórnia podem resolver o problema. Acabam de ser lançadas lentes descartáveis que custam apenas 2,5 dólares cada. Em julho, elas estarão disponíveis também no Brasil.

Muitas vezes, o período longo fragmenta o pensamento. Sem perceber, o autor acaba por tratar de diversos assuntos diferentes e sem continuidade. Veja o exemplo.

Quando paramos para pensar sobre quem foi o responsável por todas as mazelas que sofremos nos últimos anos no Brasil, gerando desordem na área da saúde e da educação principalmente e poucos resultados eficientes na área do crescimento, aquele que permitiu que toda esperança se perdesse e fosse por água abaixo, deixando escapar uma oportunidade para o Brasil ocupar um assento permanente na ONU e em diversas representações internacionais importantes e não dando prosseguimento ao projeto de exportação de nossos produtos agropecuários, perdendo o foco do que realmente interessa para o povo brasileiro.

O bom texto é aquele objetivo e claro. O período curto facilita o entendimento rápido por parte do leitor.

O texto a seguir foi editorial do jornal *Correio Braziliense*. Observe a separação das ideias nos períodos.

A União Europeia completa 50 anos hoje como a mais bem-sucedida experiência de integração regional do planeta. Quando a Guerra Fria começava a mergulhar Estados Unidos e União Soviética numa era de autossuficiência e competição, os europeus concretizavam sua aposta na cooperação como diferencial para enfrentar desafios do século 21. Os problemas do bloco são vários, mas os benefícios inegáveis dão a outros países duas importantes lições sobre desenvolvimento.

PRATICANDO

1. Reescreva os parágrafos a seguir, dividindo ou ligando os períodos, de modo a tornar os textos mais claros e objetivos.

Cinco por cento dos menores internados da Febem de São Paulo, números que foram projetados a partir de uma amostragem dos testes de Aids feitos em mais de cinco mil internos, segundo o presidente da entidade, podem estar contaminados pelo vírus da Síndrome da Imunodeficiência Adquirida (Aids) – um indício inédito de aidéticos, principalmente em função da faixa etária das vítimas, uma vez que os resultados de mil testes já indicam que boa porcentagem dos menores estão infectados, apesar de ainda não apresentarem os sintomas da doença.

____

____

____

____

____

____

____

____.

Não tem sido fácil a vida do assalariado nesses últimos dez anos, pois toda vez que o governo precisa arrecadar mais, a primeira vítima é sempre o contribuinte pessoa física: basta aumentar o Imposto de Renda na fonte que no mês seguinte o dinheiro cai no cofre do Tesouro, mas, de tanto sofrer nas garras do leão, o assalariado despertou a sensibilidade do Congresso Nacional uma vez que, na semana passada, o governo, pressionado pela Frente Parlamentar de Defesa do Contribuinte, resolveu reduzir a carga tributária sobre os assalariados, sob a ameaça de ver o pacote fiscal enviado no final do ano passado ser rejeitado pelo Congresso.

____

____

____

____

____

____

____

____.

O comício foi organizado pelos partidos de esquerda. O comício ocorreu ontem às seis da tarde. Ele tinha por objetivo reivindicar eleições diretas já. Foi duramente reprimido pelas forças policiais. As forças policiais tinham sido convocadas pela prefeitura da capital.

____

____

____

____

____.

Os jovens leem pouco. As leituras são distantes de sua realidade. A escola é responsável por essas leituras. As escolas possuem pouca verba para comprar livros para os alunos. Os alunos assim ficam sem estímulo para a leitura. A televisão contribui para restringir o hábito da leitura.

____

____

____

____

____.

2. Desenvolva um período inicial com as ideias sugeridas a seguir.

A importância da educação no desenvolvimento do Brasil.

____

____

____

____.

A violência no Brasil.

____

____

____

____.

Brasil – País de contrastes.

____

____

____

____.

CAPÍTULO 3
Parágrafo Adequado

A ideia e o texto devem seguir um processo de elaboração consistente e progressivo. Uma boa redação pede planejamento, organização. Escrever um texto não significa apenas preencher o papel com frases soltas. Escrever pressupõe uma série de operações anteriores.

Já comentamos sobre o vocabulário e sobre o período. Chegou o momento de estruturarmos o parágrafo. As qualidades de um parágrafo podem ser agrupadas em quatro características:

- clareza e objetividade na abordagem inicial;
- conteúdo argumentativo adequado;
- unidade coerente e coesa entre as ideias;
- objetividade.

1. CLAREZA E OBJETIVIDADE NA ABORDAGEM INICIAL

O escritor Miguel de Unamuno afirmava já em 1895 que "escreve claro quem concebe ou imagina claro".

O concurso espera de você um texto rápido e claro. A mensagem deve primeiramente indicar ao leitor o pensamento básico e os argumentos sobre a ideia principal. Quem lê uma redação não pode se irritar e ficar procurando reler várias vezes para compreender uma simples ideia.

A clareza na redação depende, antes de mais nada, da apresentação, pensamento inicial: não se podem transformar ideias confusas em mensagens claras. Se não conhecemos o assunto abordado, conseguiremos, no máximo, comunicar nossa incompetência.

Ao iniciar o texto, procure ir direto ao assunto. A abordagem inicial é de muita importância para o entendimento do assunto a ser tratado. Evite iniciar o texto com informações vagas e meramente informativas. Logo no primeiro período, já apresente a sua ideia principal, a sua tese, a sua abordagem sobre o assunto da redação. Nos exemplos a seguir, separei alguns textos com falhas e qualidades de abordagem. Observe.

Falta de clareza na ideia a ser abordada

Depois de passar fome, trabalhar como metalúrgico, sofrer muito em sua vida, Luís Inácio, nosso conhecido Lula, governou o Brasil por mais alguns anos.

A violência é um mal que agride a qualquer pessoa.

Informação desnecessária

As últimas eleições ocorreram no dia 29 de outubro, pois houve necessidade de segundo turno, já que nenhum dos candidatos obteve maioria absoluta dos votos.

O Brasil, que é o maior país da América Latina, é o único a falar português, pois sua colonização foi feita pelos portugueses.

Falta de ideia central

Três são os Poderes no Brasil: Executivo, Legislativo e Judiciário. O Executivo é exercido pelo presidente da República e auxiliado pelos Ministros de Estado. O Legislativo regula as relações dos indivíduos entre si e com o próprio Estado, mediante elaboração de leis. O Judiciário aplica a lei a casos concretos para assegurar a soberania da justiça.

Abordagens com boa estrutura

As eleições presidenciais demonstram que o presidente eleito terá que governar com a contribuição da oposição para aprovar reformas necessárias ao desenvolvimento do País.

O ex-presidente Lula é exemplo de que uma pessoa excluída dos direitos previstos na Constituição pode alcançar a cidadania.

A violência é um mal a ser combatido por governo e cidadão.

Dilma Rousseff demonstra capacidade para administrar os efeitos no Brasil da instabilidade financeira e política internacional.

A chamada Lei da Ficha Limpa representou a concretização de um anseio da sociedade e um importante passo na busca por maior honestidade na política brasileira.

O leitor facilmente percebe a intenção do autor já no primeiro período do parágrafo. Ele entende e sente firmeza no conteúdo a ser desenvolvido.

2. CONTEÚDO ARGUMENTATIVO ADEQUADO

A argumentação do candidato deve sempre fundamentar de maneira clara e convincente as ideias que apresentou na introdução. Os argumentos devem ser coerentes e de fácil compreensão. Imaginemos um tema para dissertação relacionado à industrialização. O candidato deve, então, posicionar-se frente ao tema. Observe a seguir, com falha de argumentação.

A industrialização é um fenômeno característico das sociedades modernas. Industrialização é criação de indústrias. As indústrias produzem bens de consumo e bens de produção.

O Brasil está se industrializando. Existem países mais industrializados que o Brasil, como os Estados Unidos, Japão, Inglaterra etc. Há outros atrasados, como o Paraguai e o Haiti, por exemplo. Algumas indústrias poluem o meio ambiente. Mas as indústrias dão emprego a muita gente. As indústrias se concentram nas regiões industriais. Enfim, a industrialização é a alma do progresso.

Veja como o texto poderia ser bem argumentado.

O estímulo à industrialização promovido pelo mundo globalizado apresenta consequências irrecuperáveis ao planeta e à sociedade. Se por um lado, é por meio do desenvolvimento econômico industrial que os países obtêm recursos para financiar suas despesas e investir para uma qualidade de vida melhor para seus habitantes. Por outro, o crescente ritmo desorganizado de industrialização provoca danos ao meio ambiente que comprometem nosso futuro.

A boa estrutura de um parágrafo pede que os períodos estejam voltados a um objetivo principal. Ao sair do parágrafo introdutório, deve o candidato acrescentar novas informações baseadas em argumentos sólidos e coerentes. A coerência é a manutenção da mesma referência escolhida pelo candidato no parágrafo inicial (a abordagem). Todas as partes do texto devem estar relacionadas a ela. Isso torna o texto claro e compreensível.

Recomendações:

Busque em sua argumentação:

1. manter relação com a abordagem do texto;
2. apresentar informações novas, claras, corretas e coerentes;
3. não exemplificar apenas suas ideias;
4. ser objetivo;
5. lembre-se de que na argumentação é que fundamentamos nossa ideia.

3. UNIDADE COERENTE E COESA ENTRE AS IDEIAS

Bom texto expressa boa relação entre as ideias. Observe que uma boa comunicação é aquela em que o receptor reconhece com facilidade o assunto tratado e o posicionamento do emissor. Para tal, o primeiro passo para uma boa redação é a unidade entre as ideias. Todas as ideias devem estar relacionadas a um foco principal, a uma intenção do comunicador.

3.1 DEFINIÇÃO DO PRIMEIRO PERÍODO

O primeiro período é fundamental para um bom parágrafo. Lembre-se de que o passo inicial para que o parágrafo tenha unidade é a formulação de uma ideia inicial clara e objetiva. Observe falha no primeiro período.

> *Brasília é a capital do Brasil. A cidade é muita seca e alguns moradores reclamam disso. A cidade foi construída por um presidente que muita gente sente saudade dele. A cidade tem um lago e muitos parques, mesmo assim existe pouca área de lazer. Os principais órgãos do Poder Público estão em Brasília. Sendo assim, a cidade agrada a uns e não a outros.*

Como você observou, os períodos estão relacionadas a Brasília, porém não apresentam uma ideia central, uma unidade. Encontram-se apenas informações soltas e não dando suporte a um posicionamento maior.

A primeira ideia apresentada no parágrafo deve ser definida para servir aos propósitos do parágrafo e do texto como um todo. Observe.

O corpo humano divide-se em três partes: cabeça, tronco e membros. *A* ***cabeça*** *é a mais importante de todas, pois contém o cérebro e os principais órgãos do sentido. O* ***tronco*** *aloja o coração, os pulmões, o estômago, os intestinos, os rins, o fígado e o pâncreas. Finalmente, os* ***membros****, que podem ser superiores (braços e mãos) e inferiores (pernas e pés).*

Como você percebeu, a ideia central está totalmente relacionada com as demais. É um parágrafo com unidade em que os períodos se completam. Os períodos devem se auxiliar e, mesmo apresentando ideias independentes, manter relação próxima.

PRATICANDO

Leia o texto.

Destruir a natureza é a forma mais fácil de o homem se aniquilar da face da terra. Dizimando certas espécies de animais, por exemplo, interfere na cadeia alimentar, causando desequilíbrios que produzirão a extinção de seres essenciais à harmonia do planeta. Jogando diariamente toneladas de produtos químicos poluentes, o ser humano causa a destruição do meio ambiente.

Qual a ideia principal?

____

____

____

Quais as ideias secundárias que dão suporte à ideia principal?

____

____

____

3.2 COESÃO E COERÊNCIA

Coesão e coerência são fundamentais para o parágrafo. Enquanto a unidade seleciona as ideias, central e secundárias, escolhendo as mais importantes, a coerência organiza a sequência dessas ideias, de modo que o leitor perceba facilmente "como" elas são importantes para o desenvolvimento do parágrafo. Mesmo que todos os períodos do parágrafo estejam relacionados entre si, ou deem suporte à ideia central, se faltar a organização dessas ideias, o parágrafo será confuso, sem coerência. Ser coerente é ser organizado. A coesão é a relação adequada entre ideias ou vocábulos.

Observe o texto.

Brasília é a melhor cidade do Brasil. A qualidade de vida apresenta dados que se destacam no cenário nacional: baixa criminalidade, alto poder aquisitivo e boas opções de lazer. Também o clima propicia agradáveis dias durante o ano inteiro. Infelizmente, muitas pessoas que moram aqui reclamam dos preços cobrados nos aluguéis de apartamentos apertados.

O parágrafo aborda inicialmente uma visão positiva em relação à cidade e, no final, explora uma ideia contrária à ideia principal.

4. OBJETIVIDADE

O tempo disponível que se tem para escrever não permite que você perca tempo com coisas sem importância para o desenvolvimento de sua ideia principal. Mesmo aos argumentos e informações importantes, deve-se dedicar o tempo estritamente necessário.

Mensagens concisas contribuem para que o candidato tire o máximo proveito do espaço no papel. As frases extravagantes nada acrescentam ao conteúdo. Pior: prejudicam.

Em nome da concisão, é claro, não se devem sacrificar as ideias importantes nem eliminar as considerações pertinentes. O ideal está no perfeito equilíbrio entre os dados que se pediram e aqueles que se oferecem. Detalhes irrelevantes são dispensáveis: o texto deve ir direto ao que interessa, sem rodeios ou redundâncias, sem caracterizações e comentários supérfluos, livre de adjetivos e advérbios inúteis, sem o recurso à subordinação excessiva. A seguir, um exemplo de período mal construído, prolixo.

O assassínio do Presidente Kennedy, naquela triste tarde de novembro, quando percorria a cidade de Dallas, aclamado por numerosa multidão, cercado pela simpatia do povo do grande Estado do Texas, terra natal, aliás, do seu sucessor, o Presidente Johnson, chocou a humanidade inteira não só pelo impacto emocional provocado pelo sacrifício do jovem estadista americano, tão cedo roubado à vida, mas também por uma espécie de sentimento de culpa coletiva, que nos fazia, por assim dizer, como que responsáveis por esse crime estúpido, que a História, sem dúvida, gravará como o mais abominável do século.

No texto, há vários detalhamentos desnecessários, abusou no emprego de adjetivos (triste, numerosa, grande, jovem etc.), o que lhe confere carga afetiva injustificável, sobretudo em texto oficial, que deve primar pela impessoalidade.

> *O assassínio do Presidente Kennedy chocou a humanidade inteira, não só pelo impacto emocional, mas também por um sentimento de culpa coletiva por um crime que a História gravará como o mais abominável do século.*

Observe como dois parágrafos de redações estão bem estruturados. Cada período apresenta uma ideia que se relaciona com a seguinte e produz uma unidade no parágrafo.

Parágrafo 1

> *A classe média cresce pouco no Brasil devido a um estado ineficiente que não consegue produzir um crescimento da economia satisfatório. Estudos do Banco Mundial revelam que existe relação direta entre o progresso de um país e o desempenho de sua classe trabalhadora. De tal forma que um interage com o outro e todos são beneficiados.*

Parágrafo 2

> *O primeiro mandato do presidente reeleito teve características sociais bem marcantes. A implantação de programas como Bolsa-Família e Fome-Zero foi prioridade em seu governo. Tais programas ocorreram em âmbito nacional e um de seus maiores benefícios foi a troca do trabalho infantil pelas salas de aula.*

Modelo de parágrafo informativo

> *Os Estados Unidos, desde que se tornaram potência hegemônica, tiveram um inimigo externo claramente identificado. Assim foi na Segunda Guerra Mundial, na Guerra Fria, na Guerra do Golfo e, mais recentemente, com o 11 de setembro. Todos os inimigos foram derrotados do ponto de vista geopolítico e militar. Agora, não há nação alguma ou grupo transnacional que seja alvo fixo e prioritário. Esse vazio ocorre exatamente num momento em que os EUA entram em profunda crise interna. Não há mais como culpar algo externo para unificar a nação.*

Modelo de parágrafo argumentativo

A classe média cresce pouco no Brasil devido a um Estado ineficiente, que não consegue produzir um crescimento da economia satisfatório. Estudos do Banco Mundial revelam que existe relação direta entre o progresso de um país e o desempenho de sua classe trabalhadora. De tal forma que um interage com o outro e todos são beneficiados.

CAPÍTULO 4
Estrutura do Texto

Iniciaremos agora a adequação de uma ideia na organização de um texto para prova ou concurso. Em primeiro lugar, deve-se escrever apenas sobre o que o autor domina. Com base no tema solicitado pela banca examinadora, procure apresentar uma ideia principal consistente, ou seja, com domínio claro e objetivo do assunto proposto. Muitas vezes, o candidato procura escrever sobre diversos assuntos ao mesmo tempo e acaba por produzir um texto confuso.

Uma boa redação é dividida em tópicos relacionados a uma abordagem central que conduz todo o pensamento. Em uma livraria, encontramos um local todo dividido em áreas de interesse. Em um supermercado, há diversas divisões. Em uma escola, há espaço reservado para a diretoria, para os alunos etc. Mesmo em nossa vida, temos horário para trabalho, descanso, alimentação. Também um bom texto necessita ter ideias bem divididas em parágrafos independentes entre si. Leia atentamente o texto a seguir.

Texto I

A política afina o espírito humano, educa os povos no conhecimento de si mesmos, desenvolve nos indivíduos a atividade, a coragem, a nobreza, a previsão, a energia, apura, eleva o merecimento.

Não é esse jogo da intriga, da inveja e da incapacidade, a que entre nós se deu a alcunha de politicagem. Esta palavra não traduz ainda todo o desprezo do objeto significado. Não há dúvida que rima bem com ladroagem. Mas não tem o mesmo vigor de expressão que os seus consoantes. Quem lhe dará com o batismo adequado? Politiquice? Politicaria? Politicalha? Neste último, sim, o sufixo pejorativo queima como um ferrete, e desperta ao ouvido uma consonância elucidativa.

Política e politicalha não se confundem, não se parecem, não se relacionam uma com a outra. Antes se negam, se excluem, se repulsam mutuamente. A política é a arte de gerir o Estado, segundo princípios definidos, regras morais, leis escritas, ou tradições respeitáveis. A politicalha é a indústria de explorar o benefício de interesses pessoais.

Rui Barbosa

PRATICANDO

Indique a ideia central de cada parágrafo.

Primeiro parágrafo.

____

____

____

____

Segundo parágrafo.

____

____

____

____

Terceiro parágrafo.

____

____

____

____

Texto II

A demissão é um dos momentos mais difíceis na carreira de um profissional. A perda de um emprego costuma gerar uma série de conflitos internos: mágoa, revolta, incerteza em relação ao futuro e dúvidas sobre sua capacidade. Mesmo sendo uma possibilidade concreta na vida de qualquer profissional, somos quase sempre pegos de surpresa pela notícia. Apesar de ser uma situação delicada, é possível, sim, transformar esse fantasma em algo bem menos assustador e, consequentemente, dar a volta por cima de forma mais rápida.

Em primeiro lugar, é preciso ter consciência de que ninguém é intocável. Não no mercado competitivo de hoje. Esteja, portanto, preparado para essa possibilidade. Isso nada tem a ver com o pessimismo. Trata-se de manter os pés no chão e saber que as empresas trabalham com equipes cada dia mais enxutas. As mudanças acontecem em um ritmo frenético e há sempre risco de alguém não se adaptar a uma determinada filosofia.

Em segundo lugar, não espere ser demitido para começar a pensar nessa possibilidade. Mesmo estando bem empregado, construa sua network. *Ou seja: mantenha contato permanente com pessoas que possam ajudá-lo futuramente a uma possível colocação. "Geralmente, a pessoa só se lembra de que precisa desenvolver sua* network *quando está desempregada", afirma Carlos Monteiro, diretor de recursos humanos. "Essa, no entanto, é uma lição de casa que deve ser feita todos os dias". Ele recomenda ainda manter o currículo, permanentemente atualizado, criar o hábito de retornar todos os recados e responder aos e-mails rapidamente. Em resumo, é fundamental ser acessível. Um exemplo disso foi a carta que Monteiro recebeu recentemente de um executivo que comunicava sua mudança de empresa. Ele falava do novo desafio em sua carreira e informava o número de seu novo telefone. "Ele tinha um novo emprego, mas nem por isso abandonou os contatos. O melhor momento para a* network *não é quando se precisa dela, mas quando se está bem colocado. Isso faz a demissão ser menos traumática".*

PRATICANDO

Indique a ideia central de cada parágrafo.

Primeiro parágrafo.

____
____
____
____

Segundo parágrafo.

____
____
____
____

Terceiro parágrafo.

____
____
____
____

ESTRUTURA DE TEXTOS DISSERTATIVOS

Antes de iniciar, faça esboço de como você apresentará a ideia na redação. Pense o que aparecerá no início, no meio e no final. Certamente, tal esboço não será definitivo. No entanto, ele é de muita importância. É comum o candidato escrever sem organização antecipada dos parágrafos. Isso geralmente não é bom. Abordaremos agora modelos de estruturas. Você deve se sentir à vontade para se identificar ou não com eles.

Modelo 1

Modelo básico muito aprendido nas escolas e útil para concursos tradicionais é imaginar seu texto com quatro parágrafos. O primeiro introduz a ideia e apresenta dois fundamentos que serão desenvolvidos na argumentação. Logo após vem a conclusão.

A decisão do governo em negociar aumento de salário com os controladores de vôo por causa da paralisação nos aeroportos abre um precedente perigoso para o bom funcionamento de serviços essenciais à população. Outras categorias podem se sentir no direito de agir da mesma forma para exigir suas reivindicações. Também a hierarquia em órgãos – como a Aeronáutica – que asseguram a estabilidade é comprometida com atitudes precipitadas.

Diversos sindicatos ameaçam organizar greve em busca de melhores salários. É o caso dos agentes e delegados da Polícia Federal. A classe, que já suspendeu suas atividades por 24 horas na semana passada, se mobiliza para recorrer à operação padrão ou mesmo paralisação total caso não obtenha reajuste salarial. Ao se dar conta das consequências do acerto com os controladores, o governo enfraquece seu poder de punição e compromete a segurança de setores fundamentais.

Outro fato de relevante importância é o respeito às normas estabelecidas para o bom funcionamento das instituições. As forças armadas consideram qualquer movimento grevista por parte de seus membros – como é o caso dos controladores de vôo – como motim e julgam os participantes por legislação penal militar própria. Não cabe ao governo interferir da forma como fez. Tal atitude enfraquece a autoridade militar diante de sargentos, tenentes e tantos outros militares que esboçam movimentos civis.

A prudência nos orienta que o governo deve conduzir situações com mais rigor e respeito. Se houve falhas anteriores aos fatos, essas devem ser solucionadas com diálogo e negociação. Determinados serviços não podem ser paralisados em hipótese alguma, como é o caso dos controladores de vôo, da assistência médico-hospitalar e da segurança.

Procure identificar qual a ideia principal de cada parágrafo. Você observará que o autor abordou o tema, antecipou os fundamentos já no primeiro parágrafo, desenvolveu a ideia e, finalmente, concluiu.

Modelo 2

O segundo modelo independe do número de parágrafo. O autor preocupa-se em apresentar sua abordagem no parágrafo inicial e desenvolvê-la com progressividade de um parágrafo para o outro. Nesse caso, deve-se tomar o cuidado de não fugir do tema abordado inicialmente.

O resultado da Avaliação Brasileira do Final do Ciclo de Alfabetização (Prova ABC) não surpreende, mas preocupa – e muito. Ao testar os alunos do 3º ano do ensino básico, série em que deveriam ter completado o período inicial da aprendizagem regular, o exame demonstra que as deficiências vêm da base e vão se agravando à medida que a criança avança nos estudos.

Nas duas disciplinas mais importantes, os resultados impressionam. Em matemática, 57% dos estudantes são incapazes de fazer contas de adição e subtração. Tampouco sabem ver as horas em relógio digital. Em português, 43% não correspondem às expectativas – ler e entender textos simples e dominar as regras básicas da escrita.

A análise dos números comprova a manutenção de velhos desníveis. O desempenho da escola pública mostrou-se inferior ao das particulares em 41,7 pontos percentuais (as instituições privadas alcançaram média de 74,3%, contra 32,6% das mantidas pelo governo). Observa-se, também, diferença regional marcante em relação ao desempenho dos alunos entre Sul e Sudeste, de um lado, e Norte e Nordeste, de outro.

O Brasil, é verdade, apresenta melhoras nos indicadores educacionais, mas o processo tem-se revelado lento, incapaz de acompanhar o dinamismo exigido pela era da internet e da globalização. Impõe-se não só diminuir o descompasso na aprendizagem em relação à capacidade de aprendizado, mas também equilibrar todas as regiões do país.

O autor deve tomar muito cuidado com tal estrutura. Deve-se saber relacionar bem os parágrafos para que a ideia da abordagem principal não fique isolada de todos os demais parágrafos. Observe outros exemplos.

Texto I

Ao contrário de algumas teses predominantes até bem pouco tempo, a maioria das sociedades de hoje já começam a reconhecer a não existência de distinção alguma entre homens e mulheres. Não há diferença de caráter intelectual ou de qualquer outro tipo que permita considerar aqueles superiores a estas.

Com efeito, o passar do tempo está a mostrar a participação ativa das mulheres em inúmeras atividades. Até nas áreas antes exclusivamente masculinas, elas estão presentes, inclusive em posições de comando. Estão no comércio, nas indústrias, predominam no magistério e destacam-se nas artes. No tocante à economia e à política, a cada dia que passa, estão vencendo obstáculos, preconceitos e ocupando mais espaços.

Cabe ressaltar que essa participação não pode nem deve ser analisada apenas pelo prisma quantitativo. Convém observar o progressivo crescimento da participação feminina em detrimento aos muitos anos em que não tinham espaço na sociedade brasileira e mundial.

Muitos preconceitos foram ultrapassados, mas muitos ainda perduram e emperram essa revolução de costumes. A igualdade de oportunidades ainda não se efetivou por completo, sobretudo no mercado de trabalho. Tomando-se por base o crescimento qualitativo da representatividade feminina, é uma questão de tempo a conquista da real equiparação entre os seres humanos, sem distinções de sexo.

Texto II

A grande produção de armas nucleares, com seu incrível potencial destrutivo, criou uma situação ímpar na história da humanidade. Pela primeira vez, os homens têm nas mãos o poder de extinguir totalmente a sua própria raça da face do planeta.

A capacidade de destruição das novas armas é tão grande que, se fossem usadas num conflito mundial, as consequências de apenas algumas explosões seriam tão extensas que haveria forte possibilidade de se chegar ao aniquilamento total da espécie humana. Não haveria como sobreviver a um conflito dessa natureza, pois todas as regiões seriam rapidamente atingidas pelos efeitos mortíferos das explosões.

Só resta, pois, ao homem uma saída: mudar essa situação desistindo da corrida armamentista e desviando para fins pacíficos os imensos recursos econômicos envolvidos nessa empreitada suicida. Ou os homens aprendem a conviver em paz, em escala mundial, ou simplesmente não haverá mais convivência de espécie alguma, daqui a algum tempo.

CAPÍTULO 5

Prova Dissertativa com Estrutura Técnica

Alguns concursos públicos pedem ao candidato realizar estruturas textuais mais técnicas. Geralmente, são chamados pelos candidatos de questões discursivas, procedimentos a serem adotados, peça jurídica, parecer. O candidato agora deve procurar estruturar o texto de forma bem a atender à solicitação do concurso. Em alguns casos, temos a simples estrutura dissertativa. Em outros casos, deve-se dominar bem outras técnicas.

Modelo 1 – enfoque no conceito

O autor conceitua, fundamenta e, por último, interpreta. Ao encontrar tema sobre assunto específico e técnico, o candidato opta por, primeiro, conceituar o assunto. Demonstra, assim, que domina o conteúdo. Depois, posiciona-se. Observe pergunta e modelo de resposta.

Questão de concurso:

> Discuta a validade jurídica de um ato administrativo consoante com a lei e incompatível com a moralidade administrativa.

Modelo de resposta

> *O princípio da legalidade se divide em sentido restrito e sentido amplo. No primeiro caso, verifica a adequação do ato à lei em sentido formal, como ocorre nos atos que restringem direitos dos cidadãos, conforme disposto no inciso II do artigo 5º da Constituição Federal. Em sentido amplo, abrange não só a obediência à lei, mas também os princípios e valores que estão na base do ordenamento jurídico.*

A moralidade administrativa, elevada a princípio constitucional pelo artigo 37, caput, *da Constituição Federal/1988, refere-se à ideia de probidade na Administração Pública. Não basta, no entanto, o respeito à legalidade formal, mas também aos princípios éticos de lealdade, de boa-fé, de regras que assegurem a boa administração e a disciplina interna na Administração Pública (DI PIETRO, 2004).*

Portanto, é possível que um ato administrativo formalmente legal viole a moralidade. No caso, deve ser anulado por vício de imoralidade (SILVA, 2005), pois a moralidade administrativa constitui pressuposto de validade em todo ato da Administração Pública (MEIRELLES, 1998). Enquadra-se, assim, em ato de impropriedade, passível de sanções administrativas, civis e criminais, nos termos do § 4º do artigo 37 da Constituição Federal e da Lei nº 8.429/1992 (MORAES, 2006).

Trata-se de texto com excelente nota em concurso realizado. A candidata conceituou o assunto no primeiro parágrafo. No segundo, ampliou o assunto e citou doutrina. Apenas no final, houve o posicionamento. Observe outro exemplo.

Questão de concurso:

Em um presídio estadual, um detento assassinou um colega de carceragem. No processo administrativo instaurado para se apurarem as causas do homicídio bem como eventual culpa dos agentes penitenciários pelo ato criminoso, verificou-se que o homicídio ocorrera em razão de desavença de ordem pessoal entre colegas de carceragem e que não houve culpa dos agentes penitenciários na morte do detento.
Nessa situação, existe responsabilidade civil do Estado pela morte do detento? Justifique a sua resposta.

Modelo de resposta

A responsabilidade civil do Estado pelos danos sofridos por pessoas sob sua guarda é do tipo objetiva, com base no risco administrativo, isto é, independe da existência de dolo ou culpa de agente público. Nesse caso, o Estado não produz diretamente o dano, mas sua atividade propicia sua ocorrência, por expor alguém a risco. O comportamento ativo estatal é mediato, porém decisivo, no nexo de causalidade. O Estado produz a situação da qual o dano depende. Além disso, segundo o Supremo Tribunal Federal – STF, é missão do Estado zelar pela integridade física do preso.

A responsabilidade estatal pela guarda de pessoas ou coisas perigosas se justifica porque a sociedade não pode passar sem os estabelecimentos utilizados para tais fins (presídios, depósitos de munição etc.), sendo natural que ninguém em particular sofra o gravame de danos eventualmente causados pelas coisas ou pessoas que se encontram sob custódia. Por isso, os danos eventualmente surgidos em decorrência dessa situação de risco acarretam a responsabilidade objetiva do Estado.

Esclareça-se que a responsabilidade em tais casos deve estar relacionada ao risco alegado. Se a lesão sofrida não guardar vínculo com tal pressuposto, não haverá que se falar em responsabilidade objetiva. Por exemplo, se houver uma fuga da prisão e os fugitivos vierem a efetuar roubos dias depois e em localidade diversa da fuga, estará rompido o vínculo causal entre a situação de custódia dos presos e os danos sofridos pelas vítimas.

Ressalte-se, por fim, que tampouco responderá o Estado se o dano for causado por força maior ou caso fortuito, como um raio que mate um prisioneiro no pátio da prisão. Nesse caso, poderá haver, no máximo, a responsabilidade subjetiva por culpa do serviço, caso se constate, por exemplo, que a Administração não instalou pára-raios no local.

Modelo 2 – enfoque na resposta direta

Outra possibilidade é a resposta direta já no início do texto. O candidato agora prefere já se posicionar desde o início. Assim, logo no primeiro período, o texto apresenta a abordagem com a resposta esperada. Depois, a fundamentação justifica a opinião do autor. Observe pergunta e modelo de resposta.

Questão de concurso:

A empresa X auferiu receitas ao longo do exercício de 1999, tendo, conforme determina a legislação tributária aplicável, declarado às autoridades fiscais os valores devidos a título de PIS e de Cofins. Ocorre que, embora declarados, os respectivos valores não foram recolhidos em favor da União Federal, porquanto a referida empresa passava por sérias dificuldades financeiras. A Procuradoria da Fazenda Nacional, no regular exercício de suas prerrogativas, inscreveu os citados débitos de PIS e Cofins em Dívida Ativa da União Federal em 1º/1/2004. Em 5/7/2005 foi ajuizada execução fiscal para cobrança da dívida, tendo a empresa sido citada em 6/7/2005. Neste contexto, indaga-se se foi respeitado o prazo prescricional para a cobrança (ajuizamento da ação de execução fiscal) em tela. Justifique a sua resposta indicando a base legal aplicável.

Modelo de resposta

O prazo prescricional não foi respeitado. A inscrição em dívida ativa suspende o prazo prescricional por 180 dias (artigo 2º, § 3º, Lei nº 6.830/1980). A execução foi ajuizada quase um ano e meio após a inscrição em dívida ativa (5/7/2005), o que significa que a contagem do prazo prescricional voltou a ocorrer 180 dias após a data de inscrição em dívida ativa, ou seja, 7/2004.

Portanto, tomando-se as datas de ocorrência dos fatos geradores até a distribuição da ação de execução fiscal, descontados os 180 dias de suspensão, terá sido consumada a prescrição, de acordo com o artigo 174 do Código Tributário Nacional.

Modelo 3 – relação entre ideias

Algumas vezes, a banca organizadora exige do candidato uma relação entre dois ou mais assuntos. Se a pergunta solicitar apenas a definição de dois temas, use um parágrafo para explicar cada assunto. Nunca misture as ideias no mesmo parágrafo. Caso a banca ainda peça uma relação entre os temas, faça um terceiro parágrafo para a relação.

Questão de concurso:

Qual a diferença entre perdão judicial e perdão tácito?

Modelo de resposta

O perdão tácito é uma causa extintiva de punibilidade prevista no artigo 107, inciso V, do Código Penal, configurando-se na ação penal exclusivamente privada, em face de um ato do querelante para com o querelado, denotando incompatibilidade e continuar o processo-crime, vez que o ato da vítima denota que perdoou o querelado, existindo apenas quando já recebida a queixa-crime por parte do juiz, não devendo ser confundida com a renúncia tácita que é sempre antes de iniciar o processo, devendo o perdão tácito para extinguir a punibilidade ser aceito por parte do querelado, porquanto o perdão é sempre bilateral.

Já o perdão judicial constitui providência exclusivamente do Poder Jurisdicional derivada de medida de Política Criminal, havendo previsão expressa em situações de homicídio culposo e outras culposas expressas em lei, quando as consequências da infração atingirem o próprio agente de forma tão grave que a sanção penal se torne desnecessária, destacando que o artigo 120 do Código

Penal é expresso ao afirmar a natureza declaratória do instituto do perdão judicial ao afirmar que "a sentença que conceder perdão judicial não será considerada para efeitos de reincidência".

Modelo 4 – estrutura expositiva

O candidato se preocupa em demonstrar que conhece o assunto. O tema geralmente exige apenas o conhecimento do assunto. Não há necessidade de posicionamento do candidato.

Questão de concurso:

Disserte sobre o CNJ, abordando os seguintes tópicos:
a) posicionamento na estrutura dos Poderes;
b) composição;
c) competências.

Modelo de texto

O Conselho Nacional de Justiça (CNJ) é um importante órgão público, inserido na estrutura do Estado brasileiro pela Emenda Constitucional nº 45/2004. A sede do Conselho fica na Capital Federal.

Embora não exerça atividade jurisdicional, o CNJ pertence ao Poder Judiciário, como demonstra o art. 92 da Constituição Federal. Sua missão consiste em exercer o controle da atuação administrativa e financeira do Poder Judiciário e do cumprimento dos deveres funcionais dos juízes.

O CNJ é composto por quinze membros com mandato de dois anos, admitida uma recondução. Entre eles, temos o Presidente do Supremo Tribunal Federal, que preside o Conselho, um Ministro do Superior Tribunal de Justiça, um Ministro do Tribunal Superior do Trabalho, um desembargador de Tribunal de Justiça, além de outros magistrados, membros do Ministério Público, advogados indicados pela Ordem dos Advogados do Brasil e dois cidadãos indicados um pela Câmara dos Deputados e outro pelo Senado Federal.

Entre as competências do CNJ, destacam-se: zelar pela autonomia do Poder Judiciário e pelo cumprimento do Estatuto da Magistratura; receber e conhecer das reclamações contra membros ou órgãos do Poder Judiciário; e rever processos disciplinares de juízes e membros de tribunais.

Assim, nota-se que o CNJ é um órgão do Judiciário de grande importância na atuação do controle administrativo e financeiro desse Poder.

Observe que o autor do texto não se posicionou em momento algum. O tema não exigiu isso dele. O concurso deseja apenas saber se você domina o conteúdo e sabe se expressar com organização e correção. Observe outro exemplo.

Questão de concurso:

> Discorra sobre os Poderes da República no Brasil.

Modelo de resposta

> *Os três Poderes da República são o Executivo, exercido pelo Presidente da República, auxiliado pelos Ministros de Estado; o Legislativo, exercido pelo Congresso Nacional, que se compõe da Câmara dos Deputados e do Senado Federal; e o Judiciário, do qual fazem parte o Supremo Tribunal Federal, o Conselho Nacional de Justiça, o Superior Tribunal de Justiça, os Tribunais Regionais Federais, os Tribunais do Trabalho, os Tribunais Eleitorais, os Tribunais Militares e os Tribunais dos Estados e do Distrito Federal e Territórios.*

Modelo 5 – estrutura para questões bem específicas

Alguns concursos exigem do candidato conhecimento de procedimentos dentro do órgão. É o caso principalmente de provas legislativas. Observe exemplo de questão de prova do Senado e resposta de candidato.

Questão de concurso:

> O Presidente da República remete ao Congresso Nacional Medida Provisória, pertinente à criação de nova Contribuição Social, destinada a custear despesas com Saúde, Educação e projetos sociais. No Senado, o projeto sofre diversas emendas, que são submetidas às comissões permanentes e, após, com o devido parecer, apresentadas em plenário. Na votação em plenário, algumas emendas são rejeitadas, e outras, submetidas a requerimento de destaque, em separado. O prazo regimental é excedido pela atuação do bloco oposicionista. Observadas tais circunstâncias, discorra, à luz da Constituição e das regras regimentais, a respeito dos pontos relevantes para o processo legislativo.

Modelo de resposta

O processo legislativo de Medida Provisória federal (MP) é delineado, em seus aspectos gerais, por normas constitucionais (arts. 62, 150, 153, 154, 195, 246, CF/1988) e, nos particulares, por normas regimentais (Res. nº 1, de 2002-CN, art. 163, I, RISF, entre outros). No caso em tela, contribuições sociais podem ser criadas por medida provisória (art. 195, CF; ADI 2010/DF, 30/9/1999), uma vez que tal matéria é veiculada por lei ordinária, condição jurídica a que se equipara a MP. Sem embargo, o trecho do enunciado apresenta equívoco ou imprecisão quanto à oportunidade e instância para apresentação de emendas, procedimento de instrução do Projeto de Lei de Conversão (PLV) e prazos constitucionais e regimentais para sua apreciação.

As emendas ao PLV, oferecidas tanto por senadores quanto por deputados federais, devem ser apresentadas exclusivamente perante a Comissão Mista temporária do Congresso Nacional designada para a instrução de MP (CM-MP), nos seis dias seguintes à edição da MP no Diário Oficial da União *(DOU). Ademais, têm de ser protocoladas na Secretaria-Geral da Mesa do Senado. A CM-MP emitirá parecer sobre o projeto (quanto ao atendimento dos pressupostos de urgência e relevância, adequação financeiro-orçamentária, constitucionalidade, juridicidade, regimentalidade, técnica legislativa, e mérito) e emendas (mesmos aspectos, além da pertinência ao texto original) até o 14º dia da publicação da MP. O parecer pode concluir pela manutenção do texto original, rejeição da MP ou sua alteração.*

Na Câmara dos Deputados – CD (15º ao 28º dia) e no Senado Federal – SF (29º ao 42º dia), a deliberação se orientará tanto pelo parecer da CM-MP, que será publicado nos respectivos diários (DCD e DSF) e distribuído em avulsos, quanto pela exposição do relator, que será de uma Casa, e relator-revisor, da outra Casa, designados na CM-MP, alternadamente a cada nova MP. Os Plenários da CD e SF poderão acatar ou rejeitar emendas apresentadas perante a CM-MP e propor destaques ao projeto ou às emendas, inclusive para votação em separado. Também podem manter o texto original da MP. Qualquer alteração pelo SF no tratamento conferido ao PLV e às emendas será apreciada pela CD nos 3 dias restantes, após o que o PLV passará a sobrestar a pauta da Ordem do Dia da Casa em que estiver (a partir do 46º dia). Aprovado PLV com texto de mesmo teor que a MP, deverá ser promulgado e publicado pelo Presidente da Mesa do CN. Aprovado PLV com alteração de mérito, deverá ser encaminhado à sanção presidencial. Rejeitada a MP pelo CN, esta será desfeita retroativamente, com publicação de Ato do Presidente da Casa em que ocorrer a rejeição no DOU e envio de mensagem ao Presidente da República.

Constitucionalmente, o Congresso Nacional (CN) dispõe de 60 dias, prorrogáveis por mais 60 dias, para apreciar o PLV, prazo esse que é suspenso durante os recessos parlamentares. O SF só pode votar o PLV quando a CD o houver feito, e esta Casa só poderá apreciar emenda do SF depois da manifestação da Casa revisora. Após 120 dias sem deliberação, a MP é desfeita retroativamente por decurso de prazo, preservando-se regidas pelos seus termos as relações jurídicas constituídas durante sua vigência, seja por força do § 11 do art. 62 da CF, seja por força de decreto legislativo editado pelo CN até 60 dias da perda de eficácia. A edição de decreto legislativo também é necessária quando o CN aprova projeto de lei de conversão com alteração de mérito em relação ao texto da MP.

Por fim, quando a CM-MP não for instalada, caberá ao relator designado em Plenário apresentar relatório durante a discussão da matéria, quer na CD, quer no SF. Se essa Comissão exceder seu prazo, o relator e relator-revisor deverão fazer o mesmo no Plenário da respectiva Casa. Portanto, mesmo nesses dois casos, a matéria não irá a comissões permanentes nem receberá emendas conforme procedimento ordinário.

CAPÍTULO 6
Defeitos do Texto

Nosso assunto, agora, são os defeitos a serem evitados na redação.

1. PROLIXIDADE

É importante que se eliminem as expressões supérfluas e os pormenores excessivos. Muitas vezes, o autor acredita que, escrevendo bastante, utilizando frases de efeito, tornará o texto mais rico. Na verdade, isso só atrapalha. Elimine as ideias sem importância, as repetições, os exemplos demasiados, os adjetivos supérfluos.

Reescreva o período a seguir, eliminando as expressões e os pormenores excessivos:

> *Nada mais justo de que os milhões de jovens brasileiros não adultos, de norte a sul e leste a oeste, poderem exercer seu legítimo direito de cidadania, tendo direito ao voto para todos os cargos políticos, de vereador, de prefeito, de deputado e, inclusive, de presidente, influindo dessa maneira nos destinos tão obscuros da nossa querida e amada Nação, chamada Brasil, nome recebido justamente por causa de um produto da natureza também bonito.*

____

____

____

____

____

____

2. FRASES FEITAS

Os lugares-comuns e os clichês demonstram falha de estilo e linguagem limitada.

Porque o futuro é de todos nós
Devemos unir nossos esforços
Fechar com chave de ouro
A nível de
Chegar a um denominador comum
Deixar a desejar
Estourar como uma bomba
Fortuna incalculável
Inserido no contexto
Levantar a cabeça e partir para outra
A esperança é a última que morre
Os jovens são o futuro da Nação

3. FALTA DE PARALELISMO

Quando se coordenam elementos (substantivos, adjetivos, advérbios, orações), é necessário que eles apresentem estrutura gramatical idêntica. Observe:

Exemplos:

Procuravam-se soluções para satisfazer os operários e que agradassem aos empresários. (Inadequado)

Procuravam-se soluções para satisfazer os operários e agradar aos empresários. (Adequado)

As cidades paulistas e as cidades do Paraná apresentam muitas afinidades. (Inadequado)

As cidades paulistas e as paranaenses apresentam muitas afinidades. (Adequado)

Ocorrem distúrbios devido à revolta dos estudantes e porque não atenderam suas reivindicações. (Inadequado)

Ocorrem distúrbios devido à revolta dos estudantes e ao não atendimento de suas reivindicações. (Adequado)

As frases a seguir apresentam erros por falta de paralelismo. Reescreva-as corrigindo.

O relevo da América do Sul é muito semelhante ao norte-americano.

____

____

____.

Atualmente observa-se uma retração no consumo entre a classe média e as camadas mais favorecidas.

____

____

____.

Segundo o FMI, os países devedores gastaram mais do que podiam, por incompetência, porque eram irresponsáveis e por corrupção.

____

____

____.

4. QUEÍSMO

O uso reiterado do *que* pode constituir erro de estilo e prejudicar a clareza do texto.

Reescreva as frases a seguir eliminando o *que*.

O jornalista que redigiu a reportagem que apareceu no jornal receberá o prêmio que todos desejavam.

____

____

____.

Você tem que ter uma letra que todos possam entender o que está escrito.

____

____

____.

O diretor afirmou que o relatório que foi escrito denuncia que tudo foi feito errado.

____
____
____.

Os amigos que ouvem o programa que você produz dizem que as notícias que você comenta são falsas.

____
____
____.

5. AMBIGUIDADE

Ambiguidade, na frase, é a obscuridade de sentido. Frases ambíguas permitem duas ou mais interpretações diferentes, devendo, por isso, ser evitadas em textos que devem primar pela clareza e precisão, conforme é o caso dos textos legais e dos expedientes administrativos. A ambiguidade é precioso recurso expressivo na linguagem poética, no humorismo e na publicidade.

Exemplo:

> *O Deputado discutiu com o Presidente da Comissão o seu descontentamento com a aprovação do projeto.* (Ambíguo)

A ambiguidade dessa frase está no pronome possessivo *seu*: o descontentamento é do Deputado ou do Presidente da Comissão? Para que o sentido fique claro, o pronome deve ser eliminado.

Exemplos:

> *O Deputado, descontente com a aprovação do projeto, discutiu o assunto com o Presidente da Comissão.* (Claro)
>
> *O Deputado discutiu com o Presidente da Comissão o descontentamento deste com a aprovação do projeto.* (Claro)
>
> *O Líder comunicou ao Deputado que ele está liberado para apoiar a matéria.* (Ambíguo)
>
> *Liberado para apoiar a matéria, o Líder comunicou o fato ao Deputado.* (Claro)
>
> *O Líder liberou o Deputado para apoiar a matéria.* (Claro)

6. CACÓFATO

Cacófato é o som desagradável ou palavra obscena que resulta da combinação de sílabas de palavras vizinhas. Deve, na medida do possível e do razoável, ser evitado, sobretudo quando demasiado flagrante e grosseiro. Não cabe, no entanto, suprimir da língua combinações corriqueiras, como *da Nação*, *por cada*, *por razões* etc.

Exemplos de cacófatos (e de como evitá-los).

Ele havia dado tudo de si à frente da Comissão. (Ele tinha dado ...)
Ela tinha previsto tudo o que está ocorrendo. (Ela havia ...)
Uma minha parente foi quem teve a ideia. (Uma parente minha ...)
Com os acordos, a América ganha fôlego para retomar o crescimento econômico. (... a América adquire ...)

CAPÍTULO 7
Tipologia Textual

Tradicionalmente, os textos para concursos públicos podem ser divididos em dissertativos, descritivos e narrativos.

1. DISSERTAÇÃO

A dissertação é o tipo de texto comumente exigido em provas e concursos. Trata-se de um discurso lógico que apresenta uma tese (a abordagem dada por você em relação ao tema solicitado), a argumentação (a comprovação com fatos que justificam o porquê de sua ideia ser coerente) e a conclusão. Dissertar pressupõe sempre conhecimento sobre o assunto. Não se aventure jamais a escrever sobre algo que você não domina.

A dissertação é um texto opinativo, isto é, um texto em que devem predominar suas opiniões sobre o tema que escolheu. Aqui estão algumas ideias que podem auxiliá-lo na tarefa de fazer a sua dissertação.

1. Observe com atenção o tema sugerido pela banca e, se houver textos de apoio, leia-os também com atenção. Você não deve copiar a ideia presente nos textos motivacionais. Pense com calma sobre uma boa abordagem sugerida pela banca. Só defina sua abordagem dissertativa após ter certeza de ter argumentos para comprová-la.

2. Selecione o que lhe parecer mais adequado para aquela prova. Não escreva sobre o que você não conhece. Ao se definir, concentre-se em como apresentar a ideia de forma clara, objetiva, coerente e harmoniosa.

3. Imagine o interlocutor lendo seu texto. Pense como seria melhor apresentar a ideia. Comece o período inicial com a ideia bem definida e direta.

4. Organize seu tempo, dividindo-o entre planejamento, redação e revisão.

5. Evite fórmulas preestabelecidas. O único modelo a seguir é o fio condutor de seu pensamento, que deverá guiar o leitor por meio de uma lógica coerente, construída com recursos de coesão variados.

6. Evite expressões da língua falada. Seu texto deve ser apropriado para a situação.

7. Procure escrever com naturalidade. Não use palavras ou ideias mirabolantes ou desconhecidas. Não busque impressionar o examinador.

8. Observe a estrutura do texto: introdução, argumentação e conclusão.

9. Observe se a conclusão retoma ou apresenta uma solução coerente com a ideia central de todo o texto.

1.1 ESTRUTURA DE UMA DISSERTAÇÃO

a) Introdução

Apresenta a ideia inicial e algumas sugestões de assuntos a serem tratados na argumentação. Em redações com 30 linhas, ocupa em torno de 5 ou 6 linhas. Jamais deve ser escrita em período único. Procure dividir a introdução em dois ou três períodos. O segundo período deve lançar as ideias a serem explicitadas no desenvolvimento. Lembre-se de que os argumentos estarão detalhados apenas no desenvolvimento.

b) Desenvolvimento ou argumentação

É a parte da dissertação que comprova sua ideia inicial. Não cometa o erro de apenas exemplificar com notícias ou fatos conhecidos por todos. Procure apresentar fatos objetivos que servem de base para sua abordagem. Desenvolvimento sem fundamento certamente é superficial. Dois são os erros comuns aqui. O candidato apresenta meras informações ou aspectos subjetivos sem comprovação coerente.

O primeiro parágrafo apresenta a ideia. Os próximos, argumentam. É aqui o espaço para demonstrar conhecimento sobre o assunto, para relacionar com outros aspectos interessantes ao tema, sem fugir do assunto principal.

c) Conclusão

Momento em que se retoma à ideia principal ou pode-se apresentar uma solução (quando a abordagem permite). A conclusão deve manter relação muito forte com o parágrafo inicial. Não se trata de copiar a mesma ideia, mas retomá-la com embasamento.

Exemplos de textos dissertativos

1. "A posição social da mulher de hoje"

Introdução

Ao contrário de algumas teses predominantes até bem pouco tempo, a maioria das sociedades de hoje já começam a reconhecer a não existência de distinção alguma entre homens e mulheres. Não há diferença de caráter intelectual ou de qualquer outro tipo que permita considerar aqueles superiores a estas.

Argumentação

Com efeito, o passar do tempo está a mostrar a participação ativa das mulheres em inúmeras atividades. Até nas áreas antes exclusivamente masculinas, elas estão presentes, inclusive em posições de comando. Estão no comércio, nas indústrias, predominam no magistério e destacam-se nas artes. No tocante à economia e à política, a cada dia que passa, estão vencendo obstáculos, preconceitos e ocupando mais espaços.

Cabe ressaltar que essa participação não pode nem deve ser analisada apenas pelo prisma quantitativo. Convém observar o progressivo crescimento da participação feminina em detrimento aos muitos anos em que não tinham espaço na sociedade brasileira e mundial.

Conclusão

Muitos preconceitos foram ultrapassados, mas muitos ainda perduram e emperram essa revolução de costumes. A igualdade de oportunidades ainda não se efetivou por completo, sobretudo no mercado de trabalho. Tomando-se por base o crescimento qualitativo da representatividade feminina, é uma questão de tempo a conquista da real equiparação entre os seres humanos, sem distinções de sexo.

2. "Vida e Morte"

Introdução

A grande produção de armas nucleares, com seu incrível potencial destrutivo, criou uma situação ímpar na história da humanidade. Pela primeira vez, os homens têm nas mãos o poder de extinguir totalmente a sua própria raça da face do planeta.

Argumentação

A capacidade de destruição das novas armas é tão grande que, se fossem usadas num conflito mundial, as consequências de apenas algumas explosões seriam tão extensas que haveria forte possibilidade de se chegar ao aniquilamento total da espécie humana. Não haveria como sobreviver a um conflito dessa natureza, pois todas as regiões seriam rapidamente atingidas pelos efeitos mortíferos das explosões.

Conclusão

Só resta, pois, ao homem uma saída: mudar essa situação desistindo da corrida armamentista e desviando para fins pacíficos os imensos recursos econômicos envolvidos nessa empreitada suicida. Ou os homens aprendem a conviver em paz, em escala mundial, ou simplesmente não haverá mais convivência de espécie alguma, daqui a algum tempo.

2. DESCRIÇÃO

Descrever é apresentar aspectos físicos ou psicológicos. Consiste em retratar os pormenores de um referente. Descreve bem uma situação quem é capaz de recriar imagens sensoriais na mente do leitor. Observe uma descrição.

Lá está ele: figura arcada pelo trabalho pesado. Seus olhos são fundos, cansados, cercados pela marca do tempo. Suas roupas são simples, surradas, suadas, tem no bolso um volante da loto, a carteira de trabalho e alguns trocados. Nas mãos, ásperas e grossas, traz uma marmita vazia, outrora cheia de quase nada.

Modelo de descrição

Texto I

Por cima da moldura da porta há uma chapa metálica comprida e estreita, revestida de esmalte. Sobre um fundo branco, as letras negras dizem Conservatória Geral do Registro Civil. O esmalte está rachado e esboicelado em alguns pontos. A porta é antiga, a última camada de pintura castanha está a descascar-se, os veios da madeira, à vista, lembram uma pele estriada. Há cinco janelas na fachada. Mal se cruza o limiar, sente-se o cheiro de papel velho. É certo que não passa um dia sem que entrem papéis novos na Conservatória, dos indivíduos de sexo masculino e de sexo feminino que lá fora vão nascendo, mas o cheiro nunca chega a mudar, em primeiro lugar porque o destino de todo papel novo, logo à saída da fábrica, é começar envelhecer, em segundo lugar porque, mais habitualmente no papel velho, mas muitas vezes no papel novo, não passa um dia sem que se escrevam causas de falecimento e respectivos locais e datas, cada um construindo com seus cheiros próprios, nem sempre ofensivos das mucosas olfactivas, como o demonstram certos eflúvios aromáticos que de vez em quando, subtilmente, perpassam na atmosfera da Conservatória Geral e que os narizes mais finos identificam como um perfume composto de metade rosa e metade crisântemo.

(José Saramago. **Todos os nomes.** São Paulo: Cia. das Letras, 1997. p. 11)

Texto II

Bossa nova *– Movimento de música popular brasileira, iniciado em 1958, no Rio de Janeiro, no sentido de renovar a forma rítmica, harmônica e melódica da música popular da época e com nítida influência do jazz. Apareceu pela primeira vez num long-play de Elizeth Cardoso, com o acompanhamento de João Gilberto ao violão. A forma sincopada de acentuar os contratempos, utilizando acordes dissonantes de passagem, que Gilberto usou nas músicas* Chega de saudade *e* Outra vez, *tornou-se a marca registrada da bossa nova. Essa maneira de tocar deve muito às características da música* Rapaz de bem *(1953), de Johnny Alf. Antonio Carlos Jobim e Vinícius de Morais, Sérgio Mendes e o Tamba Trio foram outros expoentes do movimento. A divulgação do novo gênero se deveu a um grupo de jovens que organizava* shows *para estudantes, entre eles Carlos Lira, Ronaldo Bôscoli, Nara Leão e Roberto Menescal.*

(Nova Enciclopédia **FOLHA**, 1996. p. 126-7)

3. NARRAÇÃO

Narrar envolve tempo, ação. É o texto que apresenta relato de fatos vividos por personagens e ordenados em sequência.

Exemplos:

Texto I

Misael, funcionário da Fazenda, com 63 anos de idade. Conheceu Maria Elvira na Lapa – prostituída, com sífilis, dermite nos dedos, uma aliança empenhada e os dentes em petição de miséria. Misael tirou Maria Elvira da vida, instalou-a num sobrado no Estácio, pagou médico, dentista, manicura... Dava tudo quanto ela queria.

Quando Maria Elvira se apanhou de boca bonita, arranjou logo um namorado. Misael não queria escândalo. Podia dar uma surra, um tiro, uma facada. Não fez nada disso: mudou de casa. Viveram três anos assim. Toda vez que Maria Elvira arranjava um namorado, Misael mudava de casa. Os amantes moraram no Estácio, Rocha, Catete, Rua General Pedra, Olaria, Ramos... Por fim na Rua da Constituição, onde Misael, privado de sentidos e de inteligência, matou-a com seis tiros, e a polícia foi encontrá-la em decúbito dorsal, vestida de organdi azul.

(Manuel Bandeira)

Texto II

Ao nascer aquela menina, os pais debateram longamente o nome que iriam dar-lhe. Como não chegassem a entendimento, decidiram abrir ao acaso o dicionário, e a palavra mais bonita que fosse encontrada na página seria eleita.

Por isso ela se chamou Oréade. Os pais explicaram às pessoas curiosas que se tratava de uma ninfa, habitante dos bosques. [...]

Oréade cresceu igualmente linda, mas sua beleza tinha alguma coisa de vegetal, que começava nos olhos verdes, de um verde-musgo, sei lá, e continuava na doce penugem dos braços, que caracteriza certas folhas amáveis ao tato. Oréade tinha jeito de árvore e de água: seu sorriso era úmido, lembrava a transparência das fontes.

A moça [...] preferia caminhar a esmo pelas estradas em torno da cidade, subir os morros, e lá em cima se quedava escutando a música dos passarinhos e outras vozes naturais.

Uma tarde ela não voltou do passeio. [...] Apareceu meses depois, de manhãzinha, para uma visita que disse ser breve, e apresentou um fauno a seus pais:

– Meu marido.

Os pais compreenderam imediatamente que o nome da filha não fora escolhido por força do dicionário, mas de um destino impreterível. Abençoaram a união, e o casal voltou para a Terra do Encantamento.

(Carlos Drummond de Andrade. **Contos bem simples.** In: Hildebrando André. Curso de Redação. São Paulo: Moderna, 1988. p. 22)

Texto III

Subi a escada com cautela, para não ser ouvido do mestre, e cheguei a tempo; ele entrou na sala três ou quatro minutos depois. Entrou com o ar manso do costume, em chinelas de cordovão, com a jaqueta de brim lavada e desbotada, calça branca e tesa e grande colarinho caído. Chamava-se Policarpo e tinha perto de cinquenta anos ou mais. Uma vez sentado, extraiu da jaqueta a boceta de rapé e o lenço vermelho, pô-los na gaveta; depois relanceou os olhos pela sala. Os meninos, que se conservaram de pé durante a entrada dele, tornaram a sentar-se. Tudo estava em ordem; começaram os trabalhos.

(Machado de Assis. **Conto de escola**. In: Seus trinta melhores contos, cit., p. 217-28)

Como se percebe, o texto narrativo apresenta algumas características no enredo: apresentação, complicação, clímax, desfecho.

CAPÍTULO 8

Resumo-Síntese

O termo "resumo" vem do latim *resumere* e significa *condensar em poucas palavras o que foi dito ou escrito de forma mais extensa.* "Síntese" vem do grego *synthesis* e abrange diversos sentidos. No pensamento lógico, a síntese é o método de demonstração em que se parte dos princípios para as consequências, as causas para os efeitos, das partes para o todo. Em redação, podemos considerar a síntese como a retomada da ideia que reúne em palavras a principal intenção do autor do texto. Ao ler uma síntese, encontramos nela o pensamento essencial formulado por quem disse ou escreveu algo.

Em princípio, resumir seria agrupar em poucas palavras todo o pensamento do autor. Síntese seria agrupar em poucas palavras a ideia principal do autor. No entanto, em provas e concursos, percebemos que as questões objetivas tratam o assunto de forma semelhante. Como veremos adiante, encontramos provas em que se pede o resumo, e a resposta seria na verdade uma síntese, e vice-versa. Nas provas discursivas, já existe uma preocupação maior em diferenciar os aspectos de resumo e síntese.

COMO RESUMIR OU SINTETIZAR?

1. Leia o texto inteiro. Nunca se deve fazer o resumo com base na leitura isolada dos parágrafos. Faça esboço das ideias principais encontradas em cada parágrafo e no texto como um todo.

2. Procure ser bem objetivo. Não deixe que deduções ou inferências suas prejudiquem o resumo. Observe as relações entre as ideias sempre segundo o autor. Perceba qual foi a intenção dele.

3. Agora, resuma as ideias apresentadas. Embora não seja obrigatório, procure iniciar pela ideia principal e depois os argumentos, exemplos e relações feitas pelo autor.

O bom resumo pede, antes de mais nada, a compreensão do texto como um todo. Não se deve resumir logo na primeira leitura. Procure não apenas condensar os segmentos, mas produzir um texto com unidade, objetividade, coerência, coesão e manutenção do sentido original.

Observe o texto e um resumo feito por Savioli.

A Receita Federal brasileira vai iniciar um processo de integração com o fisco dos demais países do Mercosul (Argentina, Uruguai e Paraguai) para combater as fraudes fiscais que estão ocorrendo nas operações comerciais feitas entre empresas do bloco econômico.

Com a globalização, os chamados "preços de transferência" se transformaram no principal alvo das administrações tributárias dos países filiados ao Centro Interamericano de Administradores Tributários (CIAT). Por esse mecanismo, as empresas conseguem fraudar o fisco realizando operações de compra e venda com preços que não correspondem ao valor real dos produtos ou serviços negociados. Em todos os casos, é sempre necessário utilizar um paraíso fiscal – país que apresenta vantagens e isenções tributárias.

No caso de uma exportação, a empresa vende seu produto por um preço muito baixo, o que caracteriza uma operação não lucrativa (portanto, sem incidência de Imposto de Renda). A venda é intermediada por uma empresa localizada em um paraíso fiscal, que recoloca o preço em seu patamar real e conclui a venda ao comprador. O lucro realizado por essa empresa retorna ao exportador sem ônus fiscal.

Na importação, a operação é inversa. O produto é comprado a um preço elevado, reajustado em um paraíso fiscal antes de chegar ao seu destino. O importador alega prejuízo na operação e escapa ao fisco.

"A globalização, que agilizou e sofisticou os negócios entre as empresas, criou modernas doenças fiscais. Temos que combatê-las", disse o Secretário da Receita Federal do Brasil, Everardo Maciel, à **Folha.**

Apenas um trabalho conjunto entre os diversos países do Mercosul poderá extinguir ou, pelo menos, neutralizar as fraudes fiscais internacionais.

Resumo

A globalização da economia, embora tenha agilizado e sofisticado os negócios entre as empresas, também criou algumas "doenças", como fraudes fiscais que estão ocorrendo nas operações comerciais entre empresas do Mercosul. Assim, o Brasil e os países do Mercosul devem trabalhar em conjunto a fim de extinguir, ou ao menos neutralizar, essas fraudes fiscais internacionais.

PRATICANDO

Questões objetivas sobre resumo ou síntese.

1. **(Banco Central)** A questão a seguir baseia-se no texto apresentado abaixo.

Acelerou-se, em outubro, o ritmo dos empréstimos, em especial os contratados pelo setor privado, mas menos do que no mesmo período do ano passado. Entre setembro e outubro de 2004, os saldos totais dos empréstimos com recursos livres e direcionados, para financiar vendas de fim de ano, cresceram mais de R$ 12 bilhões. No mesmo período deste ano o valor foi de R$ 9 bilhões, o que é pouco em face da sazonalidade, embora mais do que os R$ 6 bilhões do bimestre anterior.

O crédito total atingiu 30% do Produto Interno Bruto (PIB), crescimento superior ao de setembro e outubro do ano passado. Trata-se do percentual mais elevado do período recente, mas inferior à média mundial.

Na nota sobre Política Monetária e Operações de Crédito, distribuída pelo BC, as autoridades reconhecem que a expansão observada até agora na oferta de crédito não é condizente com as necessidades do último trimestre do ano. É um fator a mais a favor da conveniência de se acelerar a política de redução dos juros.

(Adaptado de **O Estado de S. Paulo**, Economista B2)

Resume-se o sentido principal do texto da seguinte maneira:
a) crescimento sazonal do crédito.
b) crédito contratado pelo setor privado.
c) efeitos da atual política de redação de juros.
d) expansão insatisfatória do crédito.
e) recursos direcionados para crédito.

2. **(INSS)** A alternativa que sintetiza corretamente o fragmento a seguir é:

O Iluminismo seria uma tendência transepocal, não limitada a nenhum período específico, que se caracteriza por uma atitude racional e crítica. Ela combate o mito e o poder, usando a razão como instrumento de dissolução do existente e de construção de uma nova realidade. Chamo de ilustração o movimento de ideias que se aglutinou, no século XVIII, em torno dos filósofos enciclopedistas: Diderot, Voltaire, d'Alembert. A Ilustração foi a mais importante das realizações do Iluminismo, mas não a primeira, nem a última.

(Sérgio Paulo Rouanet. **O olhar iluminista**. In: O olhar.)

a) As atitudes racionais e críticas de um filósofo não bastam para que ele seja considerado iluminista; é o caso dos filósofos Diderot, Voltaire e d'Alembert, que, representativos da ilustração, o mais importante dos movimentos, têm sua ação associada a uma época precisa.
b) A atitude racional e crítica que caracteriza movimentos de ideias em várias épocas e países fez da Ilustração a origem do que se poderia considerar Iluminismo, caracterizado pelo combate às estruturas de poder e do mito no século XVIII.
c) Muitas são as manifestações que poderiam ser rotuladas de Iluminismo, pois as atitudes que as caracterizam vão muito além de uma época determinada; é por isso que não é adequado designar de Ilustração o modo revolucionário adotado pelos enciclopedistas.
d) Há aspectos comuns aos distintos Iluminismo e Ilustração: correspondem a movimentos de ideias – baseadas na razão crítica – cujas conquistas ultrapassam a época em que ocorreram, principalmente no que se refere ao combate aos poderosos e aos mitos.
e) Pode-se estabelecer distinção entre Ilustração e Iluminismo: a primeira, marcada historicamente, constitui uma, ainda que a mais significativa, das concretizações do modo de ser do Iluminismo, que faz da razão e da crítica armas de renovação de estruturas.

3. **(Governo do Maranhão)** Leia o texto a seguir.

Os livros são objetos frágeis. Suscetíveis a diversas ameaças naturais – traças, inundações, incêndios –, têm de enfrentar ainda as mais destrutivas paixões humanas: o fanatismo religioso e a censura ideológica. O ensaísta venezuelano Fernando Báez traça um assustador painel histórico da eliminação de bibliotecas. São documentados cinco milênios do que ele chama de "memoricídio". Nunca houve uma época histórica sem alguma forma de perseguição aos livros (e, por extensão, a seus autores). Mais perturbador é constatar que não são só os brutos e ignorantes que acendem as fogueiras. O típico destruidor de livros, pelo contrário, é um erudito que conhece em profundidade determinada tradição religiosa ou ideológica – e que por isso mesmo deseja banir qualquer dissidência. Até mesmo Platão teria destruído, segundo testemunhos, a obra de filósofos rivais.

Especialista na conservação de bibliotecas, Báez é consultor da Unesco e sua obra é um exaustivo inventário da destruição cultural. O trajeto histórico do livro começa no que hoje é o Iraque. Foi naquela região que apareceram as primeiras evidências da escrita, em tabletas de argila produzidas pelos sumérios, há cerca de 5000 anos. Sítios arqueológicos da época já revelaram tabletas destruídas e queimadas, como resultado de ações de guerra. Também foi destruída a mais célebre biblioteca da Antiguidade na cidade egípcia de Alexandria que, fundada no século III a.C., tinha provavelmente o maior acervo de livros do mundo antigo. A causa de seu desaparecimento é matéria de controvérsia entre historiadores.

O fanatismo político tem tanto poder destrutivo quanto o religioso. No século XX, não há imagem mais simbólica do obscurantismo do que as fogueiras de livros na Alemanha nazista, em 1933. Joseph Goebbels, mentor ideológico da destruição, estudou filologia na Universidade de Heidelberg.

O livro termina com um capítulo sobre a Guerra do Iraque. Baéz visitou o país pouco depois da invasão americana em 2003, para aferir os danos causados ao patrimônio cultural iraquiano. Seu relato é desolador: museus, bibliotecas, sítios arqueológicos arrasados. Os danos começaram com os bombardeios, mas a devastação maior se deu quando os primeiros combates cessaram. Turbas enfurecidas saquearam e queimaram a Biblioteca Nacional e o Museu Arqueológico de Bagdá. O exército americano omitiu-se na defesa de um acervo de importância universal: o Iraque concentra peças de numerosas civilizações antigas, como os sumérios, os babilônios e assírios. Contrabandeados para fora do país, livros raros e peças arqueológicas alimentaram o mercado negro internacional. Do museu foram roubadas algumas tabletas de argila sumérias que estariam entre os primeiros livros da história. É uma melancólica ironia: o primeiro grande "memoricídio" do século XXI aconteceu no lugar onde nasceu a palavra escrita.

(Adaptado de Jerônimo Teixeira, **Veja**, 31 de maio, 2006).

A frase que resume corretamente o texto é:

a) Autores perseguidos e obras queimadas devem caracterizar o século XXI, devido à Guerra do Iraque.
b) Obra de ensaísta aponta a destruição de livros em cinco milênios da História da civilização.
c) Historiadores divergem quanto às razões da destruição da mais famosa biblioteca da Antiguidade.
d) Ações de guerra entre civilizações sempre resultaram em sítios arqueológicos destruídos e queimados.
e) Mercado internacional de livros raros e de peças arqueológicas é alimentado por contrabando.

4. (TRF 5ª Região)

Guerra na televisão

O cinismo é uma das armas dos humoristas. No dia em que começou a invasão do Iraque, um deles escreveu em sua coluna de jornal que ia comprar um balde de pipocas, sintonizar a TV num canal internacional e esticar as pernas no sofá. O pior é que esse tipo de cinismo não é de responsabilidade exclusiva do humorista do jornal, mas do próprio tipo de transmissão: os telespectadores se deparam não exatamente com as atrocidades da guerra, mas com uma espécie de cenário de videogame, com clarões e explosões na panorâmica noturna de uma cidade fantasmagórica. As emissoras fazem da cobertura da guerra um espetáculo para grande audiência.

Poupado das visões particularizadas dos corpos atingidos, das expressões de dor, dos inúmeros rostos dos mortos e feridos, o telespectador é induzido a uma percepção asséptica de cada bombardeio, como num combate puramente virtual. Some-se a isso o tempo que gastam os canais de TV na descrição dos armamentos, no preço de cada operação, nas estatísticas de todo tipo, nas análises dos especialistas – e praticamente nada sobra de espaço para o que realmente deveria contar: a trágica experiência humana dos envolvidos.

Muitos dos próprios jornalistas – sobretudo os que estão mais próximos das cenas de combate – procuram desfazer essa banalização da violência com relatos realistas e dramáticos. Mas suas palavras, sendo apenas palavras, não eliminam o efeito das imagens "higienizadas" da guerra, captadas por câmeras fixas, acionadas por controle remoto. Não é estranho que nos filmes de ficção mais violentos se exibam os detalhes mais miúdos e sórdidos, ao passo que no telejornalismo a barbárie ganha o aspecto aceitável de uma grande cena ficcional?

(Severiano Linhares, inédito)

A ideia fundamental desenvolvida no texto está corretamente resumida em:

a) Deve-se ao cinismo dos humoristas o fato de que as imagens da guerra percam toda a gravidade que lhes é inerente.
b) As transmissões ao vivo das cenas de guerra se fazem de modo a retirar das imagens o impacto da violência que se abate sobre os envolvidos.
c) É a violência dos filmes de ficção que torna insignificante a brutalidade amplamente propagada nas cenas de guerra dos telejornais.
d) Alguns jornalistas preferem, em vez de se valer das palavras, dar toda a ênfase à documentação fotográfica que realizam no local da conflagração.
e) Quando mostram os detalhes de uma batalha sangrenta, as reportagens acabam por dar mais ênfase aos dramas subjetivos que à tragédia real.

PRATICANDO

Questões discursivas sobre resumo ou síntese.

1. (Senado) Resumo

A sociedade só pode ser compreendida por meio de um estudo das mensagens e das facilidades de comunicação de que se disponha; no futuro desenvolvimento dessas mensagens e facilidades de comunicação, as mensagens entre homens e máquinas, máquinas e homens e máquinas e máquinas estão destinadas a desempenhar papel cada vez mais importante.

Quando é dada uma ordem a uma máquina, a situação não difere essencialmente da que surge quando a mesma ordem é dada a uma pessoa. Naturalmente, há diferenças de detalhes nas mensagens e nos problemas de comando não apenas entre um organismo vivo e uma máquina, como dentro de cada classe de seres, quer animados, quer inanimados.

As ordens de comando, por via das quais exercemos controle sobre nosso ambiente, são uma espécie de informação que lhe transmitimos. Como qualquer outra espécie de informação, essas ordens estão sujeitas a uma certa desorganização em trânsito. Geralmente, chegam a seu destino de forma menos coerente – e, certamente, não de forma mais coerente – do que quando foram emitidas. Em comunicação e controle, estamos sempre em luta contra a tendência da natureza de degradar o orgânico e destruir o significativo; a tendência, conforme nos demonstra Willard Gibbs, de aumento da entropia.

Gibbs considera não um mundo, mas todos os mundos que sejam respostas possíveis a um grupo limitado de perguntas referentes ao nosso ambiente. Sua noção fundamental diz respeito à extensão em que as respostas que possamos dar a perguntas acerca de um grupo de mundos são prováveis em meio a um grupo maior de mundos; essa probabilidade tende a aumentar conforme o universo envelhece. A medida de tal probabilidade denominamos entropia, e sua tendência característica é de aumentar.

O homem está imerso em um mundo ao qual percebe por intermédio dos sentidos. A informação que recebe é coordenada por meio de seu cérebro e sistema nervoso até, após o devido processo de armazenagem, coleção e seleção, emergir através dos órgãos motores, geralmente os músculos. Esses, por sua vez, agem sobre o mundo exterior e reagem, outrossim, sobre o sistema nervoso central por vias de órgãos receptores, tais como os órgãos terminais da cinestesia; e a informação recebida pelos órgãos cinestésicos combina-se com o cabedal de informação já acumulada, para influenciar as futuras ações.

O funcionamento físico do indivíduo e o de algumas máquinas de comunicação são muito semelhantes no sentido de tentarem dominar a entropia, por meio de um mecanismo do tipo feedback. Tal realimentação ou autocorreção parece ter-se tornado norma tanto nos organismos inanimados como nos vivos. Em ambos, notamos a existência de um instrumento especial para coligir os elementos do mundo exterior e incorporá-los ao indivíduo ou à máquina. Em todos os casos, as mensagens externas são transformadas para a assimilação, de acordo com os aparelhos internos que os assimilam.

Tais transformações permitem à informação obtida uma integração no organismo assimilador, a ponto de passarem a ter uma influência imediata nos novos desempenhos do conjunto. Tal desempenho, quer na máquina, quer no animal, faz-se efetivo em relação ao mundo exterior, não se resumindo apenas em formulação do novo tipo de desempenho proporcionado, mas com um verdadeiro comando e registro do instrumento regulador central.

Nenhuma teoria da comunicação pode, evidentemente, evitar a discussão da linguagem. A linguagem é, em certo sentido, outro nome para a própria comunicação, assim como uma palavra usada para descrever os códigos por meio dos quais se processa a comunicação. O uso de mensagens codificadas e decifradas é importante, não apenas para os seres humanos, mas também para os outros organismos vivos e para as máquinas usadas pelos seres humanos.

(M. C. d'Azevedo. **Comunicação, linguagem, automação.** Porto Alegre: UFRGS, 1970, p. 49-51 – com adaptações)

Redija um resumo das ideias do excerto acima, organizando-as em parágrafos sequenciais, de forma a manterem a estrutura dissertativa. O texto do resumo deve ser coerente, fiel ao original, evidenciar o entendimento da mensagem, sem marcas de subjetividade (extensão máxima: 30 linhas).

2. **(Câmara dos Deputados)** Resumo

- Para produzir o resumo relativo ao texto a seguir, que vale quinze pontos, faça o que se pede, usando a página correspondente do presente caderno para rascunho. Em seguida, transcreva o texto para a respectiva folha de TEXTO DEFINITIVO DO TEXTO da prova discursiva, nos locais apropriados, pois não serão avaliados fragmentos de texto escritos em locais indevidos.
- Qualquer fragmento de texto além da extensão máxima de vinte linhas será desconsiderado. ATENÇÃO! Nas folhas de textos definitivos, identifique-se apenas no cabeçalho da primeira delas, pois não serão avaliados os textos que tenham qualquer assinatura ou marca identificadora fora do local apropriado.

Em meio ao terror... brilha uma luz

Em 11 de setembro de 2001, a humanidade, confusa, assistiu ao vivo, pela televisão, as cenas da ação terrorista nos Estados Unidos da América. Confusa, porque, inicialmente, o coração se recusava a acreditar no que os olhos viam. Tratava-se de realidade ou eram imagens de um filme, desses que invadem o nosso cotidiano, banalizando a violência e a destruição?

Embora a ciência e a tecnologia tenham avançado consideravelmente, ao se olhar o passado, constata-se uma triste realidade: a consciência da humanidade evoluiu muito pouco no último milênio. Os homens do poder continuam agindo da mesma maneira inconsciente. Mudaram os métodos, mas o uso do poder sobre os outros continua causando miséria e horror. A história nos lembra a brutalidade das Cruzadas dos séculos XI, XII e XIII: matava-se, depredava-se, humilhava-se, saqueava-se, dizimando e deixando muitos povos na mais terrível miséria. Isso, para não falar de muitas outras matanças ao longo dos séculos.

Tudo o que vivemos, individual e coletivamente, tem um sentido e não é fruto do acaso. A cada efeito corresponde uma causa e vice-versa. Esta é a lei do mundo material. O homem está a todo instante deparando-se com essa lei e sofrendo as consequências de seus atos, mas prefere continuar ignorando que é responsável pelo mundo que está criando. Enquanto habitar em nosso coração a separação, o ódio ou o ressentimento, continuaremos prisioneiros da lei de causa e efeito e não seremos livres, muito menos felizes.

Isso denuncia, pura e simplesmente, que a humanidade está doente. Por isso, cada um de nós está diante de uma escolha: questionar-se sinceramente acerca do que está criando por intermédio dos próprios pensamentos e ações no mundo, revendo seus valores, suas crenças, suas certezas e seus comportamentos, para evoluir; ou permanecer como antes, deixando-se consumir pelas doenças coletivas que se manifestam por meio do ódio e do medo.

E é bom não esquecer as nossas crianças e os nossos jovens. Como os estamos educando? Que valores estão eles recebendo dos adultos? E os jovens, cheios de esperança no futuro, que caminhos estamos lhes indicando como pais e professores? Estamos construindo um futuro em expansão ou um estreito caminho recheado de mágoas e ressentimentos? Estamos nós dando-lhes chance de evoluir com consciência e responsabilidade pela própria vida ou os estamos incluindo em um círculo vicioso de superficialismo, de aparências, marcado por julgamentos, medo e ódio? Por que não lhes ensinar que as nossas fantasias de poder são meras ilusões e que, como seres humanos, somos todos imperfeitos em busca da perfeição? Há muitos desafios a serem enfrentados diariamente por pais e educadores, e um deles é ensinar aos jovens e às crianças que o objetivo da vida é ser feliz. Mas o maior deles é manifestar amor, pois amar é um ato de coragem.

Apesar de tudo, é extraordinário constatar o espantoso poder que os acontecimentos dramáticos têm sobre os seres humanos. É como se brutalmente tivéssemos saído de uma letargia profunda, e, finalmente, durante algum tempo, os valores aos quais nós todos aspiramos pudessem enfim se exprimir. Vemos então, em todos os meios de comunicação, imagens e relatos de grandes momentos de fraternidade, de ajuda, de solidariedade, de compaixão, de mobilização nacional e internacional, enfim de abertura ao amor. Aí nos perguntamos: por que o ser humano espera encontrar-se em situações de extremo desespero para manifestar amor, compartilhar, aceitar e abrir-se ao outro? Quando é que o homem compreenderá que é feito de amor e não precisa sofrer para manifestar o que ele é em sua essência?

(Isis Dias Vieira. In: **Educação em focus**. 2ª ed. Brasília: 2002, p. 26-7 – com adaptações)

Redija um único parágrafo, apresentando, com clareza, coerência e correção o resumo das ideias essenciais desenvolvidas no texto acima. No resumo, aborde cada uma dessas ideias de forma pessoal, evitando a reprodução literal do texto.

____

____

____

____

____

____

CAPÍTULO 9

Questões Objetivas de Redação

Alguns concursos públicos apresentam questões objetivas de redação. Tal modalidade de pergunta assusta muitos candidatos por não entenderem exatamente o que está sendo exigido. Ao encontrar questões dessa natureza, procure observar os seguintes aspectos:

Correção gramatical: as regras de pontuação, concordância, regência, crase, colocação pronominal e todas as demais que fazem parte do nosso idioma devem ser respeitadas em seu sentido culto.

Clareza: o texto deve ser entendido na primeira leitura. Muitas vezes, não conseguimos entender a ideia exata que o autor/candidato deseja transmitir. Isso constitui falha de redação.

Coerência: o texto deve ser lógico. Erros de informações verdadeiras ou incoerentes invalidam a construção.

Coesão: os elementos anafóricos, catafóricos e conectivos devem ser empregados adequadamente.

Objetividade: o texto deve ser escrito com concisão.

Algumas vezes, podemos encontrar mais de um texto correto, claro, coerente, coeso e objetivo. Opte sempre pelo que estiver escrito de forma mais direta.

Observe alguns exercícios a seguir.

1. Assinale a letra que corresponde à melhor redação, considerando correção, clareza e concisão.
   a) Em suas tarefas, para estas serem perfeitas, deve ter disponibilidade, conforme se espera de um bom funcionário.

b) Um perfeito cumprimento de suas tarefas, isto é, do bom funcionário, é isto que se espera: sua disponibilidade.
c) As tarefas cuja disponibilidade e cumprimento deve ser perfeito é o que é esperado de um bom funcionário.
d) O que se espera de um bom funcionário é a disponibilidade para um perfeito cumprimento de suas tarefas.
e) Espera-se a disponibilidade no cumprimento de suas tarefas de um bom funcionário.

2. Assinale a letra que corresponde à melhor redação, considerando correção, clareza e concisão.
a) Resultará em detrimento da comunidade, e isto não é justo, os favores exagerados que vierem a ser concedidos ao indivíduo.
b) Os favores são exagerados; não devem, portanto, ser concedidos ao indivíduo, tendo em vista o detrimento da comunidade.
c) Não é justo que, em detrimento da comunidade, se concedam favores exagerados ao indivíduo.
d) Não é justo que para o indivíduo, em detrimento da comunidade, seja concedido favores em exagero.
e) Em detrimento da comunidade, não é justo que com exagero ao indivíduo se conceda favores.

3. Assinale a letra que corresponde à melhor redação, considerando correção, clareza e concisão.
a) A fim que a máquina administrativa do Tribunal funcione à contento, é extremamente necessário o trabalho eficiente dos atendentes judiciários.
b) O trabalho eficiente dos atendentes judiciários, que se tem extrema necessidade, é para o bom funcionamento da máquina administrativa do Tribunal.
c) O trabalho eficiente dos atendentes judiciários é extremamente necessário para o bom funcionamento da máquina administrativa do Tribunal.
d) É extremamente necessário de que os atendentes judiciários trabalhem com eficiência, ao bom funcionamento da máquina administrativa do Tribunal.
e) A eficiência dos atendentes judiciários com seu trabalho fazem-se necessários para o bom funcionamento da máquina administrativa do Tribunal.

4. Assinale a letra que corresponde à melhor redação, considerando correção, clareza e concisão.
a) Ainda que eles sejem muito dedicados ao trabalho, têm alguns defeitos que não se pode perdoarem.

b) É imperdoável alguns defeitos que eles têem, embora muito dedicados ao trabalho.
c) Embora se dedique muito ao trabalho, não se pode perdoar alguns defeitos que eles têm.
d) O trabalho é-lhes muito dedicado; porém, há neles alguns defeitos impossível de se perdoar.
e) Eles são muito dedicados ao trabalho; têm, entretanto, alguns defeitos imperdoáveis.

5. Assinale a alternativa com melhor redação, considerando correção, clareza e concisão.
a) A única medida para melhorar o desempenho linguístico do aluno é que deveria ser exigido em todos os níveis aulas práticas de língua portuguesa.
b) Deveria ser exigido, em todos os níveis, aulas práticas de língua portuguesa. Esta seria a única medida para melhorar o desempenho linguístico dos alunos.
c) Ministrar aulas práticas de língua portuguesa em todos os níveis é a única medida para melhorar o desempenho linguístico dos alunos.
d) Aulas práticas de língua portuguesa deveriam ser ministradas como única medida em todos os níveis para melhorar o desempenho linguístico dos alunos.
e) Para melhorar o desempenho linguístico dos alunos em todos os níveis deveriam ser ministradas aulas práticas de língua portuguesa. Esta seria a única medida.

6. Esta questão apresenta cinco propostas diferentes de redação. Assinale a letra que corresponde à melhor redação, considerando correção, clareza e concisão.
a) Mesmo que me peçam não vou, pois, tenho mais que fazer.
b) Mesmo que me peçam, não vou, pois tenho mais que fazer.
c) Mesmo que me peçam, não vou, pois tenho: mais que fazer.
d) Mesmo que me peçam: não vou pois tenho mais, que fazer.
e) Mesmo que me peçam não vou pois tenho mais que fazer.

7. A frase **Tudo isso não é menos verdade em relação aos seus membros mais desprovidos** recebe nova redação, sem que o sentido original seja prejudicado, na seguinte alternativa:
a) Tudo isso é igualmente válido quando se consideram seus membros menos privilegiados.
b) A tudo isso atribui-se certa falsidade quando se consideram seus membros mais carentes.

c) Tudo isso constitui verdade relativa quando se trata de seus membros mais despojados.
d) Ratifica-se tudo isso no caso de seus membros menos arruinados.
e) Tudo isso é mais verdadeiro quando se levam em conta seus membros menos preteridos.

8. **Somente no caso de preenchimento deste formulário dá-se garantias do bom funcionamento do aparelho.**
A frase em que se corrigem a má redação e a falta de clareza da advertência citada é:
a) Somente no caso de se preencher este formulário garante-se o bom funcionamento do aparelho.
b) As garantias deste aparelho só se dão no caso de que preencham este formulário.
c) A validade deste termo de garantia do aparelho só se dará no caso de ser preenchida.
d) Este termo de garantia do aparelho só terá validade quando devidamente preenchido.
e) A garantia deste aparelho só terá validade caso seu termo for devidamente preenchido.

9. **O processo de liberalização do trabalho levou muitos séculos. Na atualidade é impossível afirmar que tenham desaparecido situações de escravidão ou exploração no trabalho. Isso ocorre mesmo em países de economia avançada.**
As três frases formam um único período, com correção e lógica, em:
a) O processo de liberalização do trabalho levou muitos séculos, embora na atualidade seja impossível afirmar que tenham desaparecido situações de escravidão ou exploração no trabalho, o que ocorre mesmo em países de economia avançada.
b) O processo de liberalização do trabalho, no entanto, levou muitos séculos, e isso ocorreu mesmo em países de economia avançada, onde na atualidade é impossível afirmar que já desapareceram situações de escravidão ou exploração no trabalho.
c) O processo de liberalização do trabalho levou muitos séculos, e na atualidade é impossível afirmar que tenha desaparecido situações de escravidão ou exploração no trabalho, o que ocorre em países de economia avançada, mesmo.
d) Na atualidade é impossível afirmar que tenham desaparecido situações de escravidão ou exploração no trabalho, já que o processo de liberalização do

trabalho levou muitos séculos, ocorrendo mesmo em países de economia avançada.

e) Isso, que é o processo de liberalização do trabalho, ocorre em países de economia avançada mesmo, tendo levado muitos séculos, mas na atualidade é impossível afirmar que tenham desaparecido situações de escravidão ou exploração no trabalho.

10. A redação está totalmente correta somente em:

a) Não compreendo-o, pois fiz sua encomenda da exata maneira como chegou até eu.

b) O operário e o chefe esbarraram-se no corredor. Olhou-se um para o outro mutuamente.

c) Vossa Excelência, senhor Ministro, podereis receber os sindicalistas ainda hoje?

d) Os trabalhadores que se divertem ouvindo histórias sonham. Os que lêem, nunca estão sós.

e) Os dois profissionais estavam irritados. Perceberam que se enganou um ao outro.

11. A frase que apresenta redação correta, do ponto de vista lógico e sintático, é:

a) Se a vida no país do trabalhador é indigna, as diferenças linguísticas, que constitui dificuldade, neste caso, não, para a migração dele para a Europa, não o impede.

b) Sendo a vida do trabalhador indigna em seu país, por isso ele migra para a Europa, e nada o impede, até as diferenças linguísticas, que constituem dificuldade para tanto.

c) Diferenças linguísticas constituem dificuldade para a mobilidade do trabalhador na Europa, embora não a impeçam, principalmente quando a vida do migrante em seu país é indigna.

d) A mobilidade do trabalhador na Europa conhece obstáculos, sobretudo as diferenças linguísticas, que não impedem dele migrar, que a vida é indigna no seu país.

e) Na Europa, as diferenças linguísticas, para o trabalhador migrante constitui obstáculo, ainda que não o impedindo, se a sua vida for indigna em seu país.

12. A frase redigida com clareza e correção é:

a) O caminho mais eficiente para tirar pessoas da linha de miséria e construir um modelo de sociedade mais justo reside em desarmar os mecanismos que concentram renda no Brasil.

b) Os mecanismos que concentram renda no Brasil precisa ser desarmado, enquanto que o caminho mais eficiente para tirar pessoas da linha de miséria é esse, com um modelo de sociedade mais justa.
c) Criar mecanismos para construir modelo de sociedade mais justa é tirar as pessoas da linha de miséria, com o desarme de concentração de renda no Brasil, com seus mecanismos.
d) Os mecanismos que concentram renda no Brasil, que não tira as pessoas da linha de miséria, deve ser desarmado, como o caminho mais eficiente para construir uma sociedade mais justa.
e) Construir um modelo de sociedade mais justo, onde as pessoas se tiram da linha de miséria, desarmando os mecanismos de concentração de renda no Brasil, sendo esse o caminho.

13. Considere as seguintes frases:
I – Ele é o motorista de um caminhão de lixo.
II – Seu trabalho não é limpo.
III – Seu caminhão está sempre brilhando.

A frase em que se articulam de modo correto e coerente as afirmações acima é:
a) Seu trabalho de motorista de um caminhão de lixo não é limpo, no entanto seu caminhão está sempre brilhando.
b) Em seu trabalho de motorista de um caminhão de lixo ele não é limpo, apesar de que seu caminhão esteja sempre brilhando.
c) Visto que ele é o motorista de um caminhão de lixo, este está sempre brilhando, à medida que seu trabalho não é limpo.
d) Seu trabalho não é limpo, muito embora seja o motorista de um caminhão de lixo, o cujo, aliás, está sempre brilhando.
e) Seu caminhão está sempre brilhando, pois ele é o motorista de um caminhão de lixo, uma vez que seu trabalho não é limpo.

14. Está clara e correta a redação da seguinte frase:
a) São sempre muito pessoais os critérios de quem vai, aos poucos, formando sua biblioteca, adquirindo livros conforme o gosto ou a necessidade dos diferentes momentos.
b) Quando se adquire livros segundo o gosto pessoal ou a necessidade, de acordo com tais critérios vai-se formando, aos poucos, sua biblioteca, a cada momento.
c) É muito normal que uma biblioteca seja composta segundo às necessidades ou o gosto de cada um, razão pela qual elas se formam aos poucos, de momento em momento.

d) É aos poucos que uma biblioteca vai formando-se, a cada momento, graças ao gosto ou mesmo a necessidade de quem a adquire, revelando-se deste modo os critérios pessoais.
e) Uma biblioteca se forma aos poucos, a cada momento, de sorte que se revele critérios muito pessoais daquele que se vale tanto de sua necessidade quanto do gosto em si.

15. Está clara e correta a redação da seguinte frase:

a) Costumam ser nas experiências cotidianas que as leis se revelam ou não práticas, quando em voga num país determinado.
b) É nas experiências cotidianas que o cidadão comum pode dar-se conta da efetiva aplicabilidade das leis vigentes em seu país.
c) Exemplos históricos existem, desde sempre, que as leis com frequência não correspondem ao que delas se esperam.
d) É de fato lamentável, que tão importante organização internacional não veja cumprido as indicações que nascem de seu contexto.
e) Por mais que desejamos nos convencer do contrário, a eficácia das leis não constitui uma garantia intrínseca delas.

16. Considere as seguintes afirmações:

I – A inspiração para se fazer ciência é completamente subjetiva.
II – O método científico não admite subjetivismo.
III – Não há contradição entre inspiração subjetiva e pesquisa científica.

O período em que se articulam de modo claro, lógico e correto as afirmações acima é:

a) Muito embora o método científico não admita subjetivismo, mesmo porque a inspiração para se fazer ciência é subjetiva, desde que não há contradição entre inspiração e pesquisa científicas.
b) Apenas quando a inspiração para se fazer ciência for completamente subjetiva é que não há contradição entre ela e a pesquisa científica, até por que o método científico não admite subjetivismo.
c) É certo que o método científico não admite subjetivismo, mas não há contradição entre a inspiração subjetiva para se fazer ciência e a realização de uma pesquisa científica.
d) Só não há contradição entre inspiração para se fazer ciência, que é completamente subjetiva, quando o método científico não admite subjetivismo.
e) É certo que não há contradição entre a pesquisa científica, onde o método não admite subjetivismo, com a inspiração subjetiva, da qual se pode fazer ciência.

CAPÍTULO 10

Temas de Provas e Concursos

Sugestões de temas:

1. O Poder Judiciário e o Poder Financeiro no conflito no Iraque
2. O direito internacional após o conflito no Iraque
3. A ONU e a Justiça no direito internacional
4. O Poder Judiciário e a corrupção no Brasil
5. O Poder Judiciário julga o Poder Judiciário
6. A importância do Poder Judiciário no caso Pedrinho
7. O governo Lula
8. Modernização e agilização da Justiça brasileira
9. Praticar a justiça com equilíbrio é dever de todo cidadão
10. Justiça: uma preocupação constante.
11. Liberdade: conquista individual e coletiva.
12. Sem trabalho, não existe dignidade.
13. Velhice: entre a sabedoria e a solidão.
14. Por que o Brasil continua a ser o país do futuro?
15. A importância da justiça para a cidadania
16. A vida não é um enigma a ser decifrado, mas um mistério a ser vivido.
17. O trabalho e o desemprego na sociedade atual
18. A segurança coletiva inicia em atitudes individuais
19. A proibição do fumo em lugares públicos fechados
20. A liberdade de uma pessoa termina onde começa a liberdade de outra

Tema

Considere o trecho a seguir e redija um texto dissertativo, entre 25 e 30 linhas, em que você deverá discutir a relação entre ensino tradicional e o uso de tecnologias como apoio à educação no Brasil. **Atenção:** você não precisa concordar com as ideias do texto. O importante é discutir o tema proposto.

Texto

Muito se tem falado sobre o uso do computador como ferramenta educacional. Poucos trabalhos, porém, refletem a extensão do tema, deixando de avaliar os discursos produzidos e a divulgação científica. Uma das comunicações apresentadas no Congresso de Leitura (Cole) da Unicamp, denominada "A mídia informatizada no ensino: uma análise do discurso em revistas de educação", abordou parte do deslumbramento que as pessoas sentem perante a tecnologia computacional. Apesar de os benefícios reconhecidos pelo professor José Luís Machado, ele relata um estudo atual sobre a decepção pelo uso do computador. Esse trabalho, desenvolvido nos Estados Unidos, mostra que muitas disciplinas bases lecionadas nas escolas estão sendo hoje rapidamente substituídas por aulas de computador, robotizando a educação. "Antes do computador, existe o letramento. Com o computador, temos acesso ao mundo, mas para acessar o mundo precisamos entendê-lo", aconselha, acrescentando que o verbalismo da imagem pode desviar as pessoas da realidade.

Tema

Como é de conhecimento comum, o governo federal lançou o Programa Fome Zero, que visa, entre outras coisas, erradicar a fome do país. Mas será que basta acabar com a fome? Será que um programa como o que se propõe é capaz de possibilitar às pessoas acesso pleno à cidadania plena no Brasil? Levando em conta o trecho de uma música do grupo Titãs, abaixo, e outras informações do seu conhecimento, redija uma dissertação sobre o tema: Fome zero e cidadania plena. Não ultrapasse 30 linhas.

Texto

A gente não quer só comida. A gente quer comida, diversão e arte. A gente não quer só comida. A gente quer saída para qualquer parte. A gente não quer só comida. A gente quer bebida, diversão, balé. A gente não quer só comida. A gente quer a vida como a vida quer.

Tema

Levando em conta o fragmento a seguir e outras informações do seu conhecimento, redija uma dissertação sobre o tema: Ensino a distância: uma nova ferramenta para a educação. Não ultrapasse 30 linhas.

Texto

O Ministério da Educação (MEC) alerta sobre a forma correta de ensinar pela internet. Cursos a distância via internet não podem repetir o modelo da escola tradicional. O alerta foi feito nesta quarta-feira pela pesquisadora Lea Fagundes, da UFRS, durante o seminário "Plataforma para a Educação a Distância Via Internet", promovido pelo MEC. "Se as instituições pensam que podem fazer material institucional e pôr tudo na máquina para o aluno receber, o desenvolvimento da inteligência está perdido." Hoje, 60 mil estudantes brasileiros cursam graduação a distância. A coordenadora científica do Laboratório de Estudos Cognitivos do Instituto de Psicologia da UFRS prevê o crescimento do número de pessoas dependentes da máquina, caso as universidades e escolas apenas reproduziram no computador o conteúdo apresentado em sala de aula. Lea lembra que, até recentemente, o ensino a distância consistia em mandar o material pelo correio e a "pessoa tinha de se virar", tornando mais difícil o aprendizado a distancia do que em sala de aula. "Era 50% de reprovação." Lea explica que a busca é por um modelo que enriqueça o ambiente de aprendizagem e estimule a participação das pessoas. O aluno tem um atendimento individual, mas não está sozinho. A qualquer momento pode interagir com outras pessoas, ver o que outro está pensando ou como resolveu determinada questão.

Tema

Leia atentamente o texto abaixo.

Por meio de sua exploração do mercado mundial, a burguesia deu um caráter cosmopolita à produção e ao consumo em todos os países. Para desespero dos reacionários, retirou da indústria sua base nacional. As velhas indústrias nacionais foram destruídas ou estão-se destruindo dia a dia. São suplantadas por novas indústrias, cuja introdução se torna uma questão de vida e morte para todas as nações civilizadas, por indústrias que não empregam matérias-primas autóctones, mas matérias-primas vindas das zonas mais remotas; indústrias cujos produtos se consomem não somente no próprio país, mas em todas as partes do globo. Em lugar das antigas necessidades, satisfeitas pela produção nacional, encontramos novas necessidades que requerem para sua satisfação os produtos das regiões mais longínquas e dos climas mais diversos. Em lugar do antigo isolamento local e da autossuficiência das nações, desenvolvem-se, em todas as direções, um intercâmbio e uma interdependência universais. E isso tanto na produção material quanto na intelectual. (...) Com o rápido aprimoramento dos meios de produção, com as imensas facilidades dos meios de comunicação, a burguesia arrasta todas as nações, mesmo as mais bárbaras, para a civilização. Os baixos preços de suas mercadorias formam a artilharia pesada com que destrói todas as muralhas da China, com que obriga à capitulação dos bárbaros mais hostis aos estrangeiros. Força todas as nações, sob pena de extinção, a adotarem o modo burguês de produção; força-as a adotarem o que ela chama de civilização, isto é, a se tornarem burguesas. Em uma palavra, cria um mundo à sua imagem.

(Marx, Karl e ENGELS, F. Manifesto Comunista)

Nesse texto, escrito no século XIX, Marx e Engels expõem uma análise do capitalismo. Elabore uma dissertação capaz de demonstrar que você compreendeu o tema, tem informações sobre ele e sabe argumentar a respeito dele.

Tema

Com base no texto abaixo, redija uma dissertação a partir das ideias apresentadas. Fundamente seus pontos de vista com argumentos lógicos.

Nas asas do poder se tem a firme convicção de que não há nada a fazer. Nos voos, cada vez mais rarefeitos, daquela que já foi a maior companhia aérea brasileira, o serviço se cumpre com uma dignidade e profissionalismo surpreendentes. Brasileiros de todas as tendências e credos se acostumaram a admirar a Varig. Travaram com ela e sua história um elo especial. Mas dadas as leis de mercado, dado o tumultuado enredo de idas e vindas, dada a má vontade de muitos e descuidos de outros tantos, dadas as inúmeras manobras de politicagens baratas daqueles que podem resolver, a empresa foi largada à própria sorte – e, por tabela, todos aqueles que dela dependem, dos usuários aos funcionários. A Varig agoniza e muitas ações seguem para deixá-la definitivamente parada no chão. A Justiça do Trabalho, na última terça-feira 11, acabou por determinar o arresto dos seus bens. O governo resolveu intervir no seu fundo de pensão e liquidou de forma extrajudicial dois planos de benefícios da companhia. O projeto de parceria com uma concorrente nacional foi arquivado. Os credores perderam a paciência. O desfecho, por enquanto dramático, é contado em dias.

Tema

Com base no texto a seguir, redija uma dissertação a partir das ideias apresentadas. Fundamente seus pontos de vista com argumentos lógicos.

As diversas definições propostas para Responsabilidade Social refletem as abordagens que irão determinar o seu significado e a sua prática ao longo do tempo. Conforme afirmam Certo e Peter (1993), um dos maiores debates nesse campo acontece entre a concepção clássica e contemporânea de Responsabilidade Social. Segundo eles, o ponto de vista clássico, representado entre outros pelos argumentos de FRIEDMAN (1962), sustenta que as empresas não devem assumir qualquer responsabilidade para além do domínio do seu negócio. Nesta perspectiva, a responsabilidade social seria inerente à própria natureza da atividade empresarial, incluindo a geração de empregos, renda e o atendimento às necessidades dos clientes. De acordo com o ponto de vista contemporâneo, citado por Certo e Peter (1993): 'as empresas são vistas como importantes e influentes membros da sociedade, sendo responsáveis por ajudar a manter e melhorar o bem-estar da sociedade como um todo'. Esta concepção é defendida, entre outros, por Drucker (1984) que afirma que a Responsabilidade Social transcende a esfera negocial e inclui uma série de relações da empresa com o ambiente no qual está inserida.

(Elaine Cristina Arantes, Elis Regina da Silva, Karoline Aparecida Taner e Maira Machado. **A responsabilidade social corporativa e a sua influência na percepção e na decisão de compra do consumidor**)

Tema

O julgamento que conta é o de nossa consciência. A prova disso: fazemos, desde o século XVII, uma bela diferença entre o que é legal e o que é justo. Condenados por excesso de velocidade na Dutra, entendemos que 130 km/h seja ilegal, mas nós conhecemos as razões de nossa pressa e só nós sabemos se, ilegal ou não, nossa velocidade era justa ou injusta. Nesse caso, a gente erige nosso foro íntimo como corte suprema.

As coisas eram simples quando, nem tanto tempo atrás, achávamos que a decisão podia ficar na mão de um Deus que se expressaria publicamente. Acusados, caminharíamos sobre a brasa e seríamos inocentados se nossos pés não queimassem.

Também devia ser mais simples quando podíamos delegar a justiça (não apenas a legalidade) a um sábio, príncipe ou representante de Deus, ao qual reconheceríamos o poder de proclamar, incontestado, se somos culpados ou inocentes.

Ora, tantas cortes singulares e inevitavelmente contraditórias não poderiam regrar eficazmente nossa vida social; resignamo-nos, portanto, a um compromisso, consideramos justo e toleramos que um júri de outros humanos (cujo foro íntimo seria comparável ao nosso) escute as acusações e os argumentos de defesa e, assim, nos condene ou nos inocente.

(Contardo Calligaris. **Terra de ninguém**)

Redija um texto dissertativo com até 30 linhas relacionando os assuntos principais do texto lido: o que legal e o que é justo.

Tema jurídico eleitoral

Os sistemas de representação proporcional adotados nas legislações eleitorais modernas representam o esforço da democracia na conquista da distribuição equitativa do voto. Não foram imaginados de um dia para o outro. Vieram surgindo pouco a pouco da luta pelo aperfeiçoamento do sufrágio universal nos países de intensa vibração popular.

Considerando que o texto acima tenha caráter unicamente motivador, redija um texto dissertativo a respeito dos sistemas de representação proporcional.

Tema – pergunta jurídica

A redação sobre a proposta apresentada deverá ter a extensão mínima de 20 linhas e máxima de 30 linhas.

Analise atentamente a argumentação apresentada no seguinte texto:

No campo jurídico, o aspecto da falibilidade dos dispositivos legais revela-se não apenas em eventuais equívocos técnicos de redação, facilmente sanáveis, mas num possível desajuste entre o espírito de uma legislação, pretendido à época em que foi promulgada, e a dinâmica das condições sociais, culturais e históricas. As amplas reformas constitucionais ou as revisões tópicas da legislação evidenciam a necessidade permanente de compatibilização entre a lei e as práticas culturais. Não obstante isso, deve-se considerar a existência de princípios éticos que não admitem qualquer revisão, ainda que se invoque o princípio da falibilidade.

Desenvolva uma dissertação, na qual você exporá suas razões de concordância ou discordância, total ou parcial, em relação às ideias desenvolvidas nesse texto.

QUESTÕES DE CONCURSOS

Informática

O desenvolvimento do País passa obrigatoriamente pela inclusão digital, que não pode se restringir à distribuição de computadores às escolas e criação de pontos de acesso gratuito à Internet em áreas carentes.

Com base nessa reflexão, elabore um texto dissertativo-argumentativo, discutindo amplamente em que moldes o Brasil deve realizar a sua inclusão digital.

Analista legislativo

Discorra sobre dois princípios constitucionais da ordem econômica.

Analista de produção executiva

No Brasil, o Estado detém o controle da exploração da radiodifusão e, nesse caso, controla também as emissoras privadas. Avalie se o nosso sistema de exploração é monopolista ou pluralista e apresente argumentos que justifiquem sua opinião.

Analista de relações públicas

Segundo Margarida Kunsch (2002), *"é oportuno considerarmos que, embora vigore hoje uma nova mentalidade, muitos comportamentos empresariais são ainda guiados mais por uma percepção filantrópica do que por um engajamento ou compromisso social"*.

Com base no texto, apresente as principais diferenças entre filantropia e compromisso social.

Arquitetura

Os levantamentos cadastrais na área de arquitetura e urbanismo têm como propósito a caracterização e diagnóstico do espaço construído. Considerando que essa atividade constitui parte da sua prática profissional, enumere e descreva os procedimentos que julgar necessários para:

a) levantamento cadastral na escala do edifício;

b) levantamento cadastral na escala da cidade.

Contabilidade

A Lei nº 6.404/1976 recebeu significativas alterações por meio da Lei nº 11.638/2007.

Comente as principais modificações ocorridas destacando as alterações nas demonstrações contábeis, as mudanças no ativo permanente, no patrimônio líquido e as principais mudanças nos critérios de avaliação do ativo e do passivo.

Medicina

Disserte sobre o evento Pneumonia Associada à Ventilação Mecânica, sua fisiopatologia, germes mais comuns, diagnóstico diferencial, terapêutica e medidas de prevenção conhecidas independentemente do nível de evidência.

Processo legislativo

Classifique a atual Constituição Federal quanto aos seguintes aspectos: conteúdo, forma, modo de elaboração, origem e estabilidade. Comente-os.

Administração Pública

Redija um texto dissertativo, posicionando-se a respeito do tema a seguir.

O futuro da burocracia no que se refere às recentes transformações na relação entre sociedade civil, política e administração, tendo em vista os sinais de crescente mobilização da sociedade civil e a emergência do denominado governo eletrônico.

Gabarito

Praticando 1

1. O governo gastou uma soma *vultosa.*
2. Tenho *bastantes* assuntos para conversar com você.
3. Os candidatos não sabiam *por que* estavam ali.
4. Não concordo. As ideias vêm *de encontro aos* meus interesses.
5. O local se situa ao lado do prédio, *onde* trabalha o senador.
6. O local se situa ao lado do prédio *aonde* você foi ontem.
7. Tudo foi concluído no prazo, *haja vista* o esforço de todos.
8. Solicitamos (diretoria) a *essa* presidência que nos apresente a solução.
9. *A princípio*, ele não gostou do livro, mas depois adorou.
10. Em relação ao assunto *acerca* dos últimos resultados.
11. Minha irmã não sabe falar inglês, *tampouco* meu irmão.
12. Tenho *tão pouco* interesse no livro.
13. Ela concordou. Sua opinião veio *ao encontro da* minha.
14. *Por que* a prova foi difícil?
15. A prova foi difícil *por quê*?
16. Ela soube agir com muita *discrição.*
17. *Em princípio* a reunião será antes do almoço.
18. Não sei *por que* ela não entendeu o assunto.
19. O jogador foi punido *a fim de* servir de exemplo.
20. O diretor não quer mais *porquês.*
21. Essas são as razões *por que* não o visitei.
22. Concordo com tudo, pois vem *ao encontro do* que defendo.
23. Sempre tive dúvidas *acerca de* seus atos.
24. Estou fazendo a prova sozinho, *a fim* de mostrar o que sei.
25. Andávamos à tua procura *há cerca de* vinte minutos.
26. *Se não* voltar cedo, não conseguirá estudar.
27. *Trata-se* de ações.

Praticando 2

1. A decisão resultou em discussão no plenário.
O verbo *acabar* significa *resultar, redundar*. Não deve ser usado com o sentido de causar.

2. A reunião ocorrerá dia 22 de junho, às 15 horas.
O sentido do verbo *acontecer é suceder ou realizar-se inesperadamente, de surpresa*. Assim, não deve ser empregado para designar fato previsto anteriormente.

3. A reunião foi adiada.
A reunião foi adiada, não a data.

4. Além de explicar bem oralmente, trouxe impressos os argumentos.
Não se usa *também* para completar *além*. Trata-se de redundância.

5. Ele tinha diversas opções para evitar o problema.
Alternativa significa *outra opção*. Não diversas opções. Embora muito comum, prefira sempre *diversas opções*.

6. A meu ver, tudo tinha sido resolvido.
A expressão adequada é *a meu ver*.

7. O prazo foi ampliado em dois meses.
O uso da preposição *por* é inadequado ao lado de *ampliado*.

8. As inscrições começarão na próxima semana.
Não se emprega *começarão* com *a partir de* por formar pleonasmo.

9. Ele partilhou conosco.
Compartilhar significa *partilhar em companhia de*.
Não se admite a construção com o complemento em primeira pessoa.

10. Os ministros decidiram defender a proposta.
A expressão *comum acordo* é pleonástica e não deve ser empregada.

11. A sessão teve continuação nesta tarde.
O termo correto é *continuação*.

Praticando 3

1. A expressão *no sentido de* não deve indicar finalidade.

2. Não existe a expressão *vez que*.

3. Não existe a expressão *de vez que*.

4. Não existe a expressão *eis que* no sentido de causa.

5. *Posto que* indica concessão.

6. A forma adequada é *haja vista*.

7. A frase está correta.

8. A expressão *o mesmo* não pode funcionar como pronome pessoal substantivo.

9. A expressão *o mesmo* não pode funcionar como pronome pessoal substantivo.

10. A expressão *o mesmo* não pode funcionar como pronome pessoal substantivo.

11. A forma correta é *a princípio* (no início).

12, 13 e **14.** As frases estão corretas.

15. O termo *enquanto* não deve ser empregado no sentido de *na condição de*.

16. Gerúndio não deve indicar adição.

17. A frase está correta.

18. Gerúndio não deve indicar ideia pontual.

19. Gerúndio não deve indicar ideia adjetiva.

20. Gerúndio não deve indicar adição.

21. A frase está correta.

22. A expressão *trata-se de* é impessoal e deve ficar no singular.

23. A forma adequada é *em face de*.

24 e **25.** As frases estão corretas.

26. A forma adequada é *entre*.

27. A expressão *a partir de* não deve ser usada no sentido de *com base*.

28. A frase está correta.

29. A forma adequada é *na medida em que*.

30. A frase está correta.

31. A forma adequada é *ao encontro de*.

32. A frase está correta.

33. Não se deve empregar a expressão *como sendo*.

34. A forma adequada é *perante o juiz.*

35. A forma adequada é *ante o juiz.*

36. A frase está correta.

37. A expressão *junto a* não deve indicar direção.

38. A expressão *junto a* não deve indicar direção.

39. A expressão *junto a* não deve indicar direção.

40. A forma adequada não pede a preposição *a.*

41. A expressão *quando do(a)* não deve ser empregada na linguagem formal.

42. A expressão *quando do(a)* não deve ser empregada na linguagem formal.

43. A frase está correta.

44. Evite o pleonasmo *começa a partir.*

45. A frase está correta.

46. A forma adequada é *vista.*

47. A forma adequada é *vistas as provas.*

48. Evite o pleonasmo.

49. O verbo *restar* não deve ser empregado ao lado de particípio.

50. A expressão *no sentido de* não deve indicar finalidade.

Questões objetivas sobre resumo ou síntese (p. 99)

1. e
2. e
3. b
4. b

Questões objetivas de redação (p. 109)

1. d
2. c
3. c
4. e
5. c
6. b
7. a
8. d
9. a
10. d
11. c
12. a
13. a
14. a
15. b
16. c

2

REDAÇÃO OFICIAL

CAPÍTULO 1
Redação Oficial

Redação oficial é a maneira padronizada pela qual o Poder Público se expressa. Além das características básicas da boa redação, o texto oficial apresenta fundamentos normatizados em seus documentos, correspondências e atos.

1. HISTÓRICO

Desde o início da República, sempre houve preocupação em padronizar a linguagem dos órgãos públicos. No entanto, a primeira tentativa real foi em 1972, quando o Ministério da Educação e Cultura publicou a obra *Normas sobre correspondência, comunicação e atos oficiais.* O livro determinava que a Redação Oficial abrangesse as seguintes comunicações: apostila, ata, atestado, aviso, certidão, circular, contrato, convênio, *curriculum vitae*, declaração, decreto, decreto-lei, despacho, edital, ementa, exposição de motivos, informação, instrução, lei, memorando ou papeleta, mensagem, ofício, ofício-circular, ordem de serviço, parecer, petição, portaria, regimento, regulamento, relatório, requerimento, resolução, telegrama, telegrama-circular, telex, voto (declaração de voto).

Em 11 de janeiro de 1991, com a edição do Decreto nº 100.000, o Presidente da República autorizou a criação de comissão para rever, atualizar, uniformizar e simplificar as normas de redação de atos e comunicações oficiais. Surgiu, assim, a primeira edição do *Manual de Redação da Presidência da República.* A intenção era produzir uma obra que servisse de exemplo para todos os textos oficiais dos Três Poderes, mas limitava obrigatoriamente sua atuação ao Executivo.

A finalidade do *Manual* não era propriamente definir padrões para comunicações oficiais, embora cite vários modelos. O objetivo primeiro era permitir a adequada reflexão sobre os textos produzidos no Executivo com clara preocupação sobre a qualidade do texto em si. Grande parte do *Manual* aborda questões gramaticais, estilísticas e erros que devem ser evitados. Em 2002, o *Manual* sofreu uma revisão e atualização.

Em 1992, a já extinta Secretaria de Administração Federal, por meio da Instrução Normativa nº 4, de 6 de março, estabeleceu normas e padrões a serem respeitados na Redação Oficial para todo o serviço público. A preocupação do documento não foi com os tipos de comunicações, mas com aspectos gerais da linguagem e para dirimir dúvidas sobre determinados usos de números, símbolos, siglas, tratamento, formas etc.

A Constituição de 1988 faz referência ao uso da linguagem e, por meio da Lei Complementar nº 95, de 26 de fevereiro de 1998, e do Decreto nº 4.176, de 28 de março de 2002, passamos a ter uma padronização mais exata de como redigir documentos oficiais.

Como se pode perceber, há preocupação em melhorar cada vez a linguagem nos órgãos públicos. Não poderia ser diferente. Textos confusos, prolixos, incoerentes e sem formatação própria apenas contribuem para a morosidade e atraso no serviço público. Diversos exemplos poderiam ser aqui citados de comunicações absurdas e totalmente incompreensíveis, independente da hierarquia no governo.

A correção gramatical é uma obrigação do servidor público, que usa frequentemente a escrita em seu serviço. Sobre ela, não há dúvida. Agora, em relação aos modelos, podem realmente surgir algumas dificuldades. Ocorre que, ao consultar Manuais de diferentes órgãos, logo se perceberá que existem detalhes de um documento que sofrem variações. Geralmente, quando já servidor público, optar-se-á pelo modelo utilizado no órgão. Quando, no entanto, a dúvida surge por parte de um candidato a um concurso público, a dúvida é angustiante. A solução é ter uma boa noção sobre o que não pode ser feito de forma alguma, o que é aceito e o que a Banca Examinadora considera como correto.

CAPÍTULO 2
Linguagem dos Atos

O idioma português é extenso e permite inúmeras variações. O texto nos órgãos públicos deve apresentar qualidades básicas de formulação e estruturação, como clareza, concisão, objetividade e simplicidade. Além disso, princípios inerentes ao ambiente, como formalidade, impessoalidade e uniformidade.

1. CLAREZA

Consiste na habilidade de transpor com exatidão uma ideia ou pensamento para o papel. O texto deve ser claro de tal forma que não permita interpretação equivocada ou demorada pelo leitor. A compreensão do documento deve ser imediata. Para alcançar esse objetivo, é importante usar vocabulário adequado, redigir orações na ordem direta, utilizar períodos curtos e eliminar o emprego excessivo de adjetivos. Além disso, deve-se excluir da escrita qualquer ambiguidade, obscuridade e rebuscamento.

2. CONCISÃO

Os órgãos públicos no Brasil tendem a escrever exageradamente e sem necessidade. Ser conciso é informar o máximo em um mínimo de palavras. Não se deve, no entanto, eliminar informação essencial apenas para reduzir-lhe o tamanho. Os itens que nada acrescentam ao que já foi dito é que necessitam ser eliminados. Mais que curtas e claras, as expressões empregadas devem ser precisas.

Observe algumas substituições práticas recomendadas:

Em vez de	Escreva
Servimo-nos da presente para informar	Informamos
Venho pela presente informar	Informamos
Por intermédio desta comunicamos-lhes	Comunicamos; informamos
Desejamos levar ao conhecimento de	Informamos-lhes que

Em vez de	Escreva
Se possível, gostaríamos que nos informassem	Informem-nos sobre
Tendo chegado ao nosso conhecimento que	Informados que
Levamos ao seu conhecimento	Comunicamos; informamos
Vimos pela presente encaminhar-lhes	Encaminhamos
Por intermédio desta solicitamos	Solicitamos
Por obséquio, solicitamos que verificassem	Solicitamos verificar
Formulamos a presente para solicitar	Solicitamos
Vimos solicitor	Solicitamos
Acusamos o recebimento	Recebemos
Chegou-nos às mãos	Recebemos
Encontra-se em nosso poder	Recebemos
É com satisfação que acusamos o recebimento	Recebemos
Levamos ao conhecimento de Vossa Senhoria que, em data de hoje, recebemos	Nesta data, recebemos
Cumpre dirigir-me a Vossa Senhoria para	Dirijo-me a Vossa Senhoria para
Apressamo-nos em oferecer-lhes	Oferecemo-lhes
Temos a honra de convidar	Convidamos
Temos a satisfação de comunicar	Comunicamos
Vimos pela presente agradecer	Agradecemos
Pedimos a gentileza de nos enviar	Solicitamos nos enviem; enviem-nos
Efetivamos-lhes uma remessa de	Remetemos-lhes
Ficamos no aguardo de suas notícias	Aguardamos informações
Procedemos a escolha	Escolhemos
Faça chegar às mãos de	Envie a
Anexo à presente	Anexo
Seguem em anexo	Anexamos
Enviamos em anexo	Enviamos
Conforme acordado	De acordo
Somos de opinião	Acreditamos
Devido ao fato de que	Por causa
Conforme seguem abaixo relacionados	Relacionados a seguir
Acima citado	Citado
Antecipadamente gratos	Agradecemos
Durante o ano de 2006	Em 2006

Em vez de	Escreva
Com referência a	Referente a
Sem outro particular para o momento	Agradecemos a atenção
Sendo o que tinha a informar	Agradecemos a atenção
Sem mais para o momento	Agradecemos a atenção
Com estima e consideração	Agradecemos a atenção

3. FORMALIDADE E CORREÇÃO GRAMATICAL

A utilização do padrão formal de linguagem representa um texto correto em sua sintaxe, claro em seu significado, coerente e coeso em sua estrutura, elegante em seu estilo. Ser culto não é ser rebuscado. As incorreções gramaticais desmerecem o redator e o próprio órgão.

4. IMPESSOALIDADE

No serviço público, o autor de um texto não escreve representando seu aspecto pessoal. Ele representa a própria administração pública. Quem se comunica, por meio do texto oficial, é o serviço público e o assunto transcrito é de interesse do órgão. Não há um universo subjetivo e pessoal. Assim, o tratamento adequado é a impessoalidade. Se o assunto está relacionado ao interesse público, não existe espaço para comentários pessoais. Condena-se, portanto, marca pessoal ou subjetiva em textos oficiais.

5. OBJETIVIDADE

A objetividade consiste em ir diretamente ao assunto com informação e pensamento claro e concreto para o leitor. Não há espaço para rodeios e subjetividade. Ser objetivo é escrever ideias fundamentadas em fatos e(ou) interpretações lógicas.

6. SIMPLICIDADE

A simplicidade na Redação Oficial refere-se à capacidade de escrever de forma compreensível e sem rebuscamento. Não representa, de forma alguma, pobreza vocabular. O vocabulário e as construções gramaticais devem ser empregadas de forma compreensível.

Na linguagem jurídica principalmente, usam-se expressões arcaicas e de difícil entendimento mesmo para quem possui bom grau de entendimento. Muitas vezes, nem o próprio autor do texto sabe o significado exato do termo que usa. É a falsa sabedoria. É o rebuscamento desnecessário. Redigir com simplicidade significa escrever para todos os tipos de leitor. Deve-se enfocar a matéria principal e particularizar os pontos necessários sem utilizar estilo prolixo, retórico ou confuso.

O texto técnico só deve ser empregado quando houver necessidade clara e, apenas, quando autor e leitor conhecem as expressões empregadas. O bom senso estabelecerá o equilíbrio entre a linguagem técnica e a comum. As ideias devem ser expressas de maneira gradual, envolvendo todas as suas implicações.

7. UNIFORMIDADE

As comunicações oficiais devem obedecer a formatos padronizados, pois cada tipo de expediente tem suas características próprias. A uniformização e a correta diagramação dos documentos oficiais, combinadas com a clareza do texto, são elementos indispensáveis à adequada transmissão da mensagem.

8. CORREÇÃO

O uso da gramática normativa é fundamental na redação oficial. Assim, deve-se respeitar a orientação dos principais gramáticos de nosso idioma e dos termos presentes no *Vocabulário Ortográfico da Língua Portuguesa* (Volp).

CAPÍTULO 3
Pronomes de Tratamento

A padronização na comunicação oficial abrange também o uso adequado dos pronomes de tratamento. A Instrução Normativa nº 4 (já citada) organizou o uso dos pronomes e seus respectivos referentes. Essa referência é empregada por quase todos os manuais nos órgãos públicos.

É necessário atenção para o uso dos pronomes de tratamento em três momentos distintos: no vocativo, no corpo do texto e no endereçamento. No vocativo, o autor dirige-se ao destinatário. Em alguns casos, no corpo do texto, o autor pode empregar os pronomes de tratamento em sua forma abreviada, no entanto é recomendável, por ser mais elegante e adequado à norma culta da língua, que se opte pelo uso desses pronomes por extenso. O endereçamento é o texto utilizado no envelope que contém a correspondência oficial e em documentos como o Ofício. Observe a forma adequada a ser empregada.

1. CONCORDÂNCIA COM OS PRONOMES DE TRATAMENTO

Vossa: é empregado para a pessoa com quem se fala, a quem se dirige a correspondência.

Exemplos:

Convidamos Vossa Excelência para...;

Comunicamos a Vossa Senhoria que...

Sua: é empregado para a pessoa de quem se fala.

Exemplo:

A placa comemorativa foi descerrada por Sua Excelência o Senhor Governador do Estado.

2. CONCORDÂNCIA DE PESSOA

Os pronomes de tratamento, embora se refiram à pessoa com quem se fala, concordam com a terceira pessoa. O verbo concorda com o substantivo que integra a locução.

Exemplo:
Vossa Senhoria saberá encaminhar o problema.

Também os pronomes possessivos referentes a pronomes de tratamento são sempre os da terceira pessoa.
Exemplo:
Solicito que Vossa Senhoria encaminhe seu pedido... (e não *vosso pedido*).

4. CONCORDÂNCIA DE GÊNERO

Faz-se a concordância não com o gênero gramatical, mas com o sexo da pessoa representada pelo pronome de tratamento.
Exemplo:
Vossa Senhoria será arrolado como testemunha.
Vossa Excelência será informada imediatamente sobre a solução dada ao caso.
Diga a Sua Excelência que nós o aguardamos no aeroporto.

5. GRAFIA

Não se recomenda abreviar os pronomes de tratamento em comunicações dirigidas a altas autoridades dos Poderes da República e a altas autoridades eclesiásticas. A forma por extenso demonstra maior respeito e deferência, sendo, pois, recomendável em correspondência mais formal ou cerimoniosa.

Na correspondência interna e na externa mais informal, nada impede que se abrevie a forma de tratamento, entretanto é mais conveniente que se utilizem as formas por extenso, por serem mais elegantes e mais adequadas à norma culta da língua portuguesa.

6. TRATAMENTO E VARIAÇÕES PRONOMINAIS

Evite-se, apesar de correto gramaticalmente, substituir os pronomes de tratamento pelas formas *seu, sua, lhe* e *o*, principalmente em relação a *Vossa Excelência*, *Vossa Eminência* e outros de alta cerimônia, por demonstrar maior respeito e deferência em relação às pessoas que recebem tais tratamentos.

Exemplo:

Solicito que Vossa Excelência encaminhe o pedido de Vossa Excelência... em vez de *Solicito que Vossa Excelência encaminhe seu pedido...*

A seguir, informamos o uso correto dos pronomes nos textos oficiais.

Vossa Excelência, para as seguintes autoridades:

Poder Executivo
Presidente da República
Vice-Presidente da República
Ministros de Estado
Secretário-Geral da Presidência da República
Consultor-Geral da República
Advogado-Geral da União
Chefe do Estado-Maior das Forças Armadas
Chefe do Gabinete Militar da Presidência da República
Chefe do Gabinete Pessoal do Presidente da República
Secretários da Presidência da República
Procurador-Geral da República
Governadores e Vice-Governadores de Estado e do Distrito Federal
Chefes de Estado-Maior das Três Armas
Oficiais-Generais das Forças Armadas
Embaixadores
Secretário Executivo e Secretário Nacional de Ministérios
Secretários de Estado dos Governos Estaduais
Prefeitos Municipais

Poder Legislativo
Presidente
Vice-Presidente
Membros da Câmara dos Deputados e do Senado Federal
Presidente e membros do Tribunal de Contas da União
Presidentes e membros dos Tribunais de Contas estaduais
Presidentes e membros das Assembleias Legislativas estaduais
Presidentes das Câmaras municipais

Poder Judiciário
Presidente e membros do Supremo Tribunal Federal
Presidente e membros do Superior Tribunal de Justiça
Presidente e membros do Superior Tribunal Militar
Presidente e membros do Tribunal Superior Eleitoral
Presidente e membros do Tribunal Superior do Trabalho
Presidente e membros dos Tribunais de Justiça
Presidente e membros dos Tribunais Regionais Federais
Presidente e membros dos Tribunais Regionais Eleitorais
Presidente e membros dos Tribunais Regionais do Trabalho
Juízes de Direito, Juízes Federais, Juízes do Trabalho, Juízes Eleitorais, Juízes Militares, Juízes-Auditores Militares
Procurador-Geral do Estado
Procurador de Estado
Membros do Ministério Público (Procuradores da República, Procuradores do Trabalho, Procuradores da Justiça Militar, Promotores da Justiça Militar, Procuradores de Justiça, Promotores de Justiça, Promotores de Justiça Adjuntos) Membros da Defensoria Pública (Defensores Públicos)

O vocativo a ser empregado em comunicações dirigidas aos Chefes de Poder é *Excelentíssimo Senhor*, seguido do cargo respectivo.

Exemplos:

Excelentíssimo Senhor Presidente da República,

Excelentíssimo Senhor Presidente do Congresso Nacional,

Excelentíssimo Senhor Presidente do Supremo Tribunal Federal,

As demais autoridades serão tratadas com o vocativo *Senhor*, seguido do cargo respectivo.

Exemplos:

Senhor Senador,

Senhor Juiz,

Senhor Ministro,

Senhor Governador,

No envelope (e no endereçamento em documentos como ofício) das comunicações dirigidas às autoridades tratadas por *Vossa Excelência* terá a seguinte forma:

A Sua Excelência o Senhor
Fulano de Tal
Ministro de Estado da Justiça
70.064-900 – Brasília. DF

A Sua Excelência o Senhor
Senador Fulano de Tal
Senado Federal
70.165-900 – Brasília/DF

A Sua Excelência o Senhor
Fulano de Tal
Juiz de Direito da 10ª Vara Cível
Rua ABC, nº 123
01.010-000 – São Paulo/SP

Observação:

Alguns órgãos optam por apresentar o endereçamento com a substituição do *A Sua Excelência o Senhor* por *Excelentíssimo Senhor*. Em concursos públicos, as duas formas são consideradas adequadas.

Em comunicações oficiais, está abolido o uso do tratamento *Digníssimo* (DD) às autoridades arroladas na lista anterior. A dignidade é pressuposto para que se ocupe qualquer cargo público, sendo desnecessária sua repetida evocação.

Vossa Senhoria é empregado para as demais autoridades e para particulares. O vocativo adequado é:

Senhor Fulano de Tal,

(...)

No envelope, deve constar do endereçamento:

Ao Senhor Fulano de Tal Rua ABC, nº 123 70.123 – Curitiba. PR

Como se depreende do exemplo, fica dispensado o emprego do superlativo *Ilustríssimo* para as autoridades que recebem o tratamento de *Vossa Senhoria* e para particulares. É suficiente o uso do pronome de tratamento *Senhor*.

Acrescente-se que *Doutor* (Dr.) e *Professor* (Prof.) não são formas de tratamento, e sim título acadêmico. Evite usá-los indiscriminadamente. Como regra geral, empregue-os apenas em comunicações dirigidas a pessoas que tenham tal grau por terem concluído curso universitário de doutorado ou licenciatura. É costume designar por *Doutor* os bacharéis, especialmente os bacharéis em Direito e em Medicina. Nos demais casos, o tratamento *Senhor* confere a desejada formalidade às comunicações.

Mencionemos, ainda, a forma *Vossa Magnificência*, empregada por força da tradição em comunicações dirigidas a reitores de universidade. Corresponde-lhe o vocativo:

Magnífico Reitor,

(...)

Os pronomes de tratamento para religiosos, de acordo com a hierarquia eclesiástica, são:

- *Vossa Santidade*, em comunicações dirigidas ao Papa.
  O vocativo correspondente é:
  Santíssimo Padre,
  (...)

- *Vossa Eminência* ou *Vossa Eminência Reverendíssima*, em comunicações aos Cardeais.
  Corresponde-lhe o vocativo:
  Eminentíssimo Senhor Cardeal, ou
  Eminentíssimo e Reverendíssimo Senhor Cardeal,
  (...)

- *Vossa Excelência Reverendíssima* é usado em comunicações dirigidas a Arcebispos e Bispos.

- *Vossa Reverendíssima* ou *Vossa Senhoria Reverendíssima* para Monsenhores, Cônegos e superiores religiosos.

- *Vossa Reverência* é empregado para sacerdotes, clérigos e demais religiosos.

Observação:

Formas de tratamento obsoletas

Não se usam mais *Digníssimo* (DD.), *Mui Digno* (M.D.) e *Ilustríssimo* (Ilmo.) na correspondência oficial.

CAPÍTULO 4

Fechos para Comunicações

O fecho das comunicações oficiais possui, além da finalidade óbvia de arrematar o texto, a de saudar o destinatário. Os modelos para fecho que vinham sendo utilizados foram regulados pela Portaria nº 1 do Ministério da Justiça, de 1937, que estabelecia quinze padrões. Não se usam mais fechos longos e rebuscados como:

Apresento a Vossa Excelência meus protestos de elevada estima ou

Aproveito o ensejo para apresentar a Vossa Excelência meus protestos de estima e consideração.

A redação oficial condena tal uso.

Com o fito de simplificá-los e uniformizá-los, padronizaram somente dois fechos diferentes para todas as modalidades de comunicação oficial:

a) para autoridades superiores, inclusive o Presidente da República:
Respeitosamente,

b) para autoridades de mesma hierarquia ou de hierarquia inferior:
Atenciosamente,

Ficam excluídas dessa fórmula as comunicações dirigidas a autoridades estrangeiras, que atendem a rito e tradição próprios, devidamente disciplinados no *Manual de Redação* do Ministério das Relações Exteriores.

Observe quadro explicativo a seguir com exemplos, principalmente em tribunais:

de servidor	**para** diretor/assessor/magistrado	**Respeitosamente**
de diretor de secretaria	**para** juiz/desembargador	**Respeitosamente**
de chefe de gabinete	**para** juiz/desembargador	**Respeitosamente**
de juiz	**para** juiz	**Atenciosamente**
de juiz	**para** desembargador	**Respeitosamente**
de desembargador	**para** desembargador	**Atenciosamente**

de juiz/desembargador	**para** ministro do Judiciário	**Respeitosamente**
de juiz/desembargador	**para** promotor de Justiça	**Atenciosamente**
de juiz/desembargador	**para** procurador-geral da Justiça	**Respeitosamente**
de juiz/desembargador	**para** presidente da República	**Respeitosamente**
de desemb. Presidente	**para** governador	**Atenciosamente**
de juiz/desembargador	**para** governador	**Respeitosamente**
de juiz/desembargador	**para** ministro de Estado	**Atenciosamente**

CAPÍTULO 5
Identificação do Signatário

Excluídas as comunicações assinadas pelo Presidente da República, todas as demais comunicações oficiais devem trazer o nome e o cargo da autoridade que as expede abaixo do local da assinatura. A forma da identificação deve ser a seguinte:

(espaço para a assinatura) NOME (em letras maiúsculas ou apenas as iniciais maiúsculas) Cargo (apenas as iniciais maiúsculas)

Em alguns documentos que normalizem situações administrativas internas do próprio órgão (ato regulamentar, instrução normativa, ordem de serviço, portaria e resolução), não é obrigatório especificar o cargo junto ao nome e à assinatura, visto que aquele já vem destacado no início do documento.

Para evitar equívoco, recomenda-se não deixar a assinatura em página isolada do expediente. Deve-se transferir para essa página ao menos a última frase, anterior ao fecho, com pelo menos duas linhas. Em qualquer documento é dispensável o uso do traço para a assinatura. Esse procedimento é considerado deselegante, porque supõe a necessidade de demarcar um campo para o correto preenchimento pelo subscritor.

CAPÍTULO 6
Orientações Normativas

1. DIAGRAMAÇÃO

Não existe um consenso entre os diferentes órgãos sobre qual a diagramação exata a ser feita nos documentos. Cito a seguir a recomendação do *Manual da Presidência da República*, por ser a mais usual:

a) deve ser utilizada fonte do tipo *Times New Roman* de corpo 12 no texto em geral, 11 nas citações, e 10 nas notas de rodapé;

b) para símbolos não existentes na fonte *Times New Roman* poder-se-á utilizar as fontes *Symbol* e *Wingdings*;

c) é obrigatório constar a partir da segunda página o número da página;

d) os ofícios, memorandos e anexos destes poderão ser impressos em ambas as faces do papel. Nesse caso, as margens esquerda e direta terão as distâncias invertidas nas páginas pares (margem espelho);

e) o início de cada parágrafo do texto deve ter 2,5 cm de distância da margem esquerda;

f) o campo destinado à margem lateral esquerda terá, no mínimo, 3,0 cm de largura;

g) o campo destinado à margem lateral direita terá 1,5 cm;

h) deve ser utilizado espaçamento simples entre as linhas e de 6 pontos após cada parágrafo, ou, se o editor de texto utilizado não comportar tal recurso, de uma linha em branco;

i) não deve haver abuso no uso de negrito, itálico, sublinhado, letras maiúsculas, sombreado, sombra, relevo, bordas ou qualquer outra forma de formatação que afete a elegância e a sobriedade do documento;

j) a impressão dos textos deve ser feita na cor preta em papel branco. A impressão colorida deve ser usada apenas para gráficos e ilustrações;

l) todos os tipos de documentos do *Padrão Ofício* devem ser impressos em papel de tamanho *A-4*, ou seja, 29,7 x 21,0 cm;

m) deve ser utilizado, preferencialmente, o formato de arquivo *Rich Text* nos documentos de texto;

n) dentro do possível, todos os documentos elaborados devem ter o arquivo de texto preservado para consulta posterior ou aproveitamento de trechos para casos análogos;

o) para facilitar a localização, os nomes dos arquivos devem ser formados da seguinte maneira: *tipo do documento + número do documento + palavras-chaves do conteúdo.*

Exexemplo: *"Of. 123 - relatório produtividade ano 2002".*

2. ABREVIATURAS

A abreviatura é a escrita reduzida de uma palavra ou locução. Seguem orientações para o uso de abreviatura.

1. Possui ponto, diagonal ou parênteses.
   doc. = documento;
   S/A = sociedade anônima;
   (a) assinado, assinada.

2. Admite flexão de gênero, número e grau.
   Sr. ou *Sra.*;
   prof. ou *profs.*;
   D. ou *DD.*

3. Para abreviar, sempre que possível termine a abreviatura em consoante.
   Exemplo:
   ac. (acórdão), rel. (relator).

   Se a palavra é cortada em um grupo de consoantes, todas estas devem aparecer na abreviatura.
   Exemplo:
   inst. (instituição);
   secr. (secretaria).

   Independentemente de a abreviatura terminar em vogal ou consoante, coloque sempre o ponto final.
   Exemplo:
   ago. (agosto);
   téc. (técnica).

4. Há palavras cujas abreviaturas podem ser formadas pela combinação de suas consoantes ou de suas iniciais e suas últimas consoante e vogal.
   Exemplos:
   dz. (dúzia);
   vl. (valor);
   atte. (atenciosamente).

5. Se, na parte constante da abreviatura, aparece o acento gráfico da palavra, deve ele permanecer.
   Exemplos:
   pág. (página);
   déb. (débito).

6. Em palavras compostas ligadas por hífen, deve ele ser mantido na abreviatura.
   Exemplos:
   secr.-ger. (secretária-geral);
   proc.-ger. (procurador-geral).

7. A inicial poderá ser maiúscula ou minúscula de acordo com as normas da ortografia oficial em relação à palavra por extenso.
   Exemplos:
   R. (Rua) das Laranjeiras;
   Dr. (Doutor) Albert Einstein;
   tel. (telefone), fl. (folha).

8. O ponto abreviativo, quando coincide com o ponto-final, acumula a função deste, por isso deve-se evitar a repetição.
   Exemplo:
   Foram convidados para o debate: políticos, professores, engenheiros etc.

9. Mês é abreviado com as três letras iniciais. Se for escrito todo em letras maiúsculas, dispensa-se o ponto. Se for escrito apenas com a inicial maiúscula ou todo em letras minúsculas, deverá aparecer o ponto abreviativo. Não se abrevia o mês de maio.
   Exemplo:
   JAN, Jan., jan.

10. Existem abreviaturas que podem ser reduzidas com variações.
    Exemplos:
    a.C. ou *A.C.* (antes de Cristo);
    f., *fl.* ou *fol.* (folha).

11. Existem abreviaturas que representam mais de uma palavra.
    Exemplo:
    p. (página, pé, palmo).

12. A Conferência de Geografia estabeleceu que "não serão usadas abreviaturas nos nomes geográficos". Portanto, nome algum de cidade pode ser abreviado. Excetuam-se as siglas dos estados.

13. Por praticidade, as abreviaturas podem ser grafadas sem sobrelevação, seguidas de ponto (*Cia.*, *Dra.*, *V. Exma.*), desde que não formem palavras inadequadas, como *profa.* (professora), *amo.* (amigo), *no.* (número).

14. Também não se abreviam palavras com menos de cinco letras.
    Exceções: *h* (hora), *id.* (idem), *S.* (São), *t.* (tomo), *v.* (ver, veja, vide), *S* (Sul), conforme normas da Associação Brasileira de Normas Técnicas (ABNT).

3. SIGLAS

Sigla é a abreviação utilizada para reduzir a palavra. Formada, normalmente, com as iniciais dos termos.

Salvo nos casos em que a sigla é bastante vulgarizada, ou seja, quando a instituição a que ela se refere é mais conhecida pela própria sigla do que pelo nome completo (*Petrobras*, *SBT* etc.), o nome da instituição deve ser escrito por extenso, antes da sigla (que deve vir a seguir, entre parênteses), na primeira menção, usando-se apenas a sigla nas menções seguintes:

Exemplo:

O Mercado Comum e Comunidade do Caribe (Caricom) é um bloco de cooperação econômica e política, criado em 1973, formado por catorze países e quatro territórios da região caribenha. Em 1998, Cuba foi admitida como observadora do Caricom.

Observações:

1. No caso de a sigla não se referir a uma instituição, só se escreverá o seu significado por extenso se o contexto o exigir.

Exemplo:
A Aids (do inglês Acquired Immunodeficiency Syndrome*) é conhecida em Portugal como Sida (de Síndrome de Imunodeficiência Adquirida).*

2. Não se usam aspas nem pontos de separação entre as letras que formam a sigla.

3. Com sigla empregada no plural, admite-se o uso de *s* (minúsculo) de plural, sem apóstrofo: os *TREs* (Tribunais Regionais Eleitorais), 300 *UPCs*, 850 *Ufirs* (não: *TRE's, *Ufir's). Esta regra não se aplica a sigla terminada com a letra *s*, caso em que o plural é definido pelo artigo: os *DVS* (Destaques para Votação em Separado).

3.1 Emprego de Maiúscula e Minúscula em Siglas

1. Siglas formadas por até três letras são grafadas com maiúsculas.
   Exemplos:
   ONU, PIS, OMC.

2. Siglas formadas por quatro ou mais letras, cuja leitura seja feita letra por letra, são grafadas com maiúsculas.
   Exemplos:
   PMDB, INPC, INSS.

3. Siglas formadas por quatro ou mais letras, que formem palavra pronunciável, são grafadas preferencialmente como nome próprio (apenas a primeira letra é maiúscula).
   Exemplos:
   Otan, Unesco, Inamps, Petrobras.

4. Siglas em que haja leitura mista (parte é pronunciada pela letra e parte como palavra) são grafadas com todas as letras em maiúsculas.
   Exemplos:
   DNIT (Departamento Nacional de Infra-Estrutura de Transportes), Veículos Automotores de Via Terrestre), *HRAN* (Hospital Regional da Asa Norte).

5. No caso de siglas consagradas que fogem às regras elencadas, deve-se obedecer à sua grafia própria.

Exemplos:
CNPq (Conselho Nacional de Pesquisas);
MinC (Ministério da Cultura);
UnB (Universidade de Brasília).

6. Siglas que não mais correspondam com exatidão ao nome por extenso também devem ser acatadas, se forem as siglas usadas oficialmente.
   Exemplos:
   Embratur (Instituto Brasileiro de Turismo);
   MEC (Ministério da Educação).

4. SÍMBOLOS

Constituem símbolos as abreviaturas fixadas por convenções, quase sempre internacionais, por isso, não se subordinam às regras de abreviatura nem de ortografia.

Os símbolos são empregados na indicação de unidades de medida, elementos químicos e pontos cardeais. Não recebem ponto abreviativo, não admitem plural nem são escritos com letra maiúscula.

Exemplos:
200 g (200 gramas);
5k m (5 quilômetros);
2 min (dois minutos).

Escrevem-se com letras maiúsculas:

- os símbolos que se originam de nomes próprios.
  Exemplos: *W* (*watt*), *N* (*newton*);
- os prefixos gregos.
  Exemplos: *M* (mega), *G* (giga), *MHz* (*megahertz*);
- os símbolos dos elementos químicos:
  Exemplos: *O* (oxigênio), *Au* (ouro), *Ag* (prata);
- os símbolos dos pontos cardeais.
  Exemplos:
  N (norte), *S* (sul), *L* (leste), *O* (oeste).

5. DATAS

As datas devem ser grafadas com as seguintes normas na redação oficial:

1. A localidade não pode sofrer abreviatura;

2. A unidade da Federação não é obrigatória;

3. O primeiro dia é sempre ordinal. Não existe zero antes do número 2 ao 9;

4. O mês é minúsculo e por extenso;

5. Não existe ponto entre o milhar e a centena no ano: *2010* (não: 2.010);

6. Nos casos em que for cabível o uso da data abreviada (nunca na data do documento), não se deve pôr zero à esquerda do número no dia e no mês: *5/6/2009* (não: 05/06/2009);

7. No interior do texto, as datas e os anos podem ser escritos de forma plena ou abreviada. No entanto, em órgãos públicos, a preferência é pela forma extensa. O primeiro dia do mês é designado com ordinal também.
   Exemplo:
   O Brasil proclamou a independência em 7 de setembro de 1822. Entre 1986 e 1988, o Congresso elaborou a atual Constituição brasileira, assinada em 8 de outubro de 1988.O Brasil foi campeão mundial de futebol em 1958, 1962, 1970, 1994 e 2002. O documento foi assinado em 1º de abril de 2004.

8. Se a data não estiver centralizada, indica-se o uso de ponto final.
   Exemplo:
   Brasília, 1º de junho de 2010. Brasília, 2 de junho de 2010. Brasília-DF, 27 de junho de 2010.

9. Datas que se tornaram efemérides são escritas por extenso.
   Exemplo:
   O Sete de Setembro, o Quinze de Novembro, o Dois de Julho. Mas (dia 1º): o 1º de Janeiro, o 1º de Maio.

10. As décadas podem ser mencionadas sem a referência ao século (salvo quando houver possibilidade de confusão).
    Exemplo:
    O "milagre econômico" da década de 70. Os anos 20 foram fortemente influenciados pela Semana de Arte Moderna de 1922. Na década de 1850.

CAPÍTULO 7
Comunicações Oficiais

1. ALVARÁ

Definição: documento escrito por autoridade competente para que se pratique determinado ato. Também recebe o nome de *mandado judicial*, quando oriundo de autoridade judicial: alvará para levantamento de depósito, alvará para suprimento de consentimento, alvará de soltura, alvará para venda etc. Recebe também o nome de licença, quando oriundo de autoridade administrativa: alvará para funcionamento, alvará para uso de produtos químicos etc. Os alvarás, não obstante as várias possibilidades, são de dois tipos: ou são de licença (têm caráter definitivo e só podem ser revogados por motivos de interesse público) ou são de autorização (têm, então, caráter instável e podem ser cassados).

Características:

1. Título com numeração e data de expedição.
2. Texto: com designação do cargo da autoridade que expede o alvará; citação da legislação em que se baseia a decisão da autoridade.
3. Assinatura: nome da autoridade competente sem indicação do cargo, já mencionado no texto.
4. Local e data: (dispensáveis se já constarem do título).

Modelo

ALVARÁ 34, DE 10 DE JULHO DE 2012

O Ministro de Estado JOSÉ DA SILVA, usando da atribuição que lhe confere o art. 21 do Decreto-Lei nº 227, de 28 de fevereiro de 1967 (Código de Educação),

RESOLVE:

Autorizar, pelo prazo de dez anos, a empresa Y a utilizar área federal localizada no Lago Sul, QL 10, na cidade de Brasília, Distrito Federal, para desenvolvimento de atividades educacionais.

Assinatura

2. APOSTILA

Definição: na Redação Oficial, Apostila é comunicação em que se acrescentam informações a um documento público ou ato administrativo anterior para completar o conteúdo. Expressa também um ato pelo qual o documento é anotado, após ser registrado ou averbado.

Características:
1. Título.
2. Texto: esclarece o dispositivo legal do ato referente ao titular.
3. Data.
4. Assinatura.

Modelo

APOSTILA

ATO DE 19/8/2011 – Maria José da Silva, matrícula 123-4 – tendo em vista o que consta no Processo E01/0000/95, fica retificada para 2/5/2012 a validade de exoneração de que trata o presente ato.

Rio de Janeiro, 20 de setembro de 2011.

Nome
Cargo

3. ATA

Definição: é o resumo de decisões e acontecimentos de uma reunião ou circunstância com determinado objetivo. A ata costuma ser lavrada em livro ou formulário próprio, autenticado para ter valor legal. A ata é toda redigida em parágrafo único, não podendo conter rasuras ou anotações fora do parágrafo. Caso o documento esteja sendo feito manuscrito ou em máquina de escrever e ocorrer algum erro, as correções são realizadas imediatamente, na sequência, após a expressão *digo*. Se o erro for percebido depois de escrito o parágrafo, deve-se fazer uma ressalva: *Em tempo: na linha tal, onde se lê tal coisa, leia-se tal coisa*. Com o advento do computador, as atas têm sido elaboradas e digitadas, para posterior encadernação em livros de ata. Se isto ocorrer, deve ser indicado nos termos de abertura e fechamento, rubricando-se as páginas e mantendo-se os mesmos cuidados referentes às atas manuscritas. Dispensam-se as correções do texto, como indicado anteriormente. Normalmente é redigida por um secretário efetivo, podendo também ser produzida por um eventual, designado para a ocasião.

Características:

1. Título e numeração do departamento (quando digitada).
2. Ementa (opcional).
3. Identificação de tempo, lugar, participantes e motivo do encontro, tudo por extenso.
4. Assuntos tratados.
5. Declaração de quem lavrou.
6. Assinaturas.

Modelo

CÂMARA DOS DEPUTADOS
DEPARTAMENTO DE COMISSÕES
Comissão Permanente de Assuntos Estratégicos

ATA DA 5ª REUNIÃO ORDINÁRIA DE 2004, DA
COMISSÃO PERMANENTE DE ASSUNTOS
ESTRATÉGICOS DA CÂMARA DOS DEPUTADOS

Aos treze dias do mês de abril de dois mil e quatro, às nove horas e quarenta e cinco minutos, no Plenário 2 da Câmara dos Deputados, Brasília, Distrito Federal, reuniram-se a Sra. Presidente Ana Maria da Silva, os Membros José Aroldo, Plínio da Silva, o Suplente João Pereira e o Membro *ad hoc* Caio dos Santos. Após lida e aprovada a ata da sessão anterior, foi apresentada a pauta. 1. Coube à Presidente proceder à leitura do estudo realizado pelos Membros da Comissão. Em votação, o estudo foi aprovado. 2. A Presidente concedeu a palavra aos Srs. José Aroldo e Plínio da Silva, que discorreram sobre o agendamento dos trabalhos para o próximo semestre, a curto, médio e longo prazo, o qual foi aprovado por unanimidade. 3. Ainda fazendo uso da palavra, o Sr. José Aroldo discorreu sobre os estudos orçamentários para a implantação do programa de inclusão digital, a ser iniciado no próximo trimestre. 4. Outros assuntos. O Sr. Plínio da Silva comunicou que, na próxima semana, estará acompanhando, por dez dias, uma comitiva, em missão oficial ao Japão. Às onze horas e vinte e cinco minutos, a Sra. Presidente encerrou os trabalhos, antes convocando sessão para o próximo dia vinte e oito de abril, no mesmo horário e local.

Presidente

Membro

Membro

Suplente

Membro *ad hoc*

4. ATESTADO

Definição: documento em que se comprova fato ou situação ou mesmo a existência de certa obrigação ou situação de direito. O atestado está relacionado a informações que podem sofrer modificação com o tempo. Já a certidão comprova fatos permanentes constantes nos arquivos e documentos do órgão.

Características:

1. Título.
2. Texto: a identificação de quem redige, o objetivo da comunicação, a identificação do interessado e a exposição do que se atesta.
3. Local e data.
4. Assinatura.

Modelo

ATESTADO

Atesto, para os devidos fins, que JOSÉ DA SILVA, servidor deste órgão, sob matrícula 242.424, atuou como diretor de Departamento de Comunicação, no período de 15 de janeiro a 27 de junho de 2011.

Brasília, 13 de abril de 2012.

Nome
Cargo

5. AUTO

Definição: documento que descreve detalhadamente determinado acontecimento e suas circunstâncias. Quando usado no plural, indica um conjunto de peças de um processo forense. Enquanto na terminologia jurídica possui sentido de ação pública com a finalidade de se cumprir uma ordem legal, na redação oficial é a narração judicial ou administrativa, escrita por escrivão ou tabelião, e lavrada para comprovar uma ocorrência.

Características:

1. Título com numeração.
2. Texto: deve constar o desenrolar dos acontecimentos com detalhes, nome do autuado, motivo da autuação, indicação da penalidade e prazo para apresentação de defesa.
3. Data: local e data em que foi lavrado o auto.
4. Assinatura.

Modelo

GOVERNO DO DISTRITO FEDERAL
SECRETARIA DE SAÚDE
AUTO DE INFRAÇÃO NÚMERO

AUTUADO:
Firma:
Denominação do estabelecimento:
Endereço:
Proprietário ou responsável:
Ramo do negócio:
Inscrição no GDF:
CNPJ/CPF:

Aos doze dias do mês de abril de 2012, às quinze horas, no exercício de FISCALIZAÇÃO DE SAÚDE, verifiquei que a firma acima citada infringiu o artigo .... pela constatação das seguintes irregularidades: ....
....
pelo que lavrei o presente AUTO DE INFRAÇÃO, em quatro vias de igual teor e para um único efeito, assinadas por mim autuante, pelas testemunhas abaixo e pelo autuado, na pessoa de JOSÉ DA SILVA.
Em face do que dispõe o artigo .... fica o autuado cientificado de que dispõe do prazo de .... dias para apresentar defesa sob pena de REVELIA, conforme estabelece o artigo .....

Recebi a 2ª via em ...../...../.....

____

Assinatura do autuado______________________________

Assinatura da testemunha______________________________

Assinatura da testemunha______________________________

Brasília, 20 de abril de 2012.

Nome
Cargo

6. AVISO

Definição: aviso e ofício são modalidades de comunicação oficial com estruturas praticamente idênticas. A diferença entre eles é que o aviso é expedido exclusivamente por Ministros de Estado, Secretário-Geral da Presidência da República, Consultor-Geral da República, Chefe do Estado-Maior das Forças Armadas, Chefe do Gabinete Militar da Presidência da República e pelos Secretários da Presidência da República, para autoridades de mesma hierarquia, ao passo que o ofício é expedido para e pelas demais autoridades. Ambos têm como finalidade o tratamento de assuntos oficiais pelos órgãos da Administração Pública entre si e, no caso do ofício, também para particulares.

Características:
1. Título e numeração.
2. Data.
3. Destinatário.
4. Assunto
5. Vocativo.
6. Texto.
7. Fecho.

Modelo

Aviso nº 45/SCT-PR

Brasília, 27 de fevereiro de 1991.

A Sua Excelência o Senhor
[Nome e cargo]

Assunto: **Seminário sobre uso de energia no setor público.**

Senhor Ministro,

Convido Vossa Excelência a participar da sessão de abertura do *Primeiro Seminário Regional sobre o Uso Eficiente de Energia no Setor Público*, a ser realizado em 5 de março próximo, às 9 horas, no auditório da Escola Nacional de Administração Pública – Enap, localizada no Setor de Áreas Isoladas Sul, nesta capital.

O Seminário mencionado inclui-se nas atividades do *Programa Nacional das Comissões Internas de Conservação de Energia em Órgãos Públicos*, instituído pelo Decreto nº 99.656, de 26 de outubro de 1990.

Atenciosamente,

[nome do signatário]
[cargo do signatário]

7. CERTIDÃO

Definição: é a comunicação que tem o valor de comprovar um fato ou uma informação que se encontra documentada nos arquivos do órgão. A certidão deve ser escrita em linhas corridas, sem alíneas, com números por extenso, sem rasuras nem emendas.

Características:
1. Título.
2. Texto.
3. Fecho.
4. Data.
5. Assinatura de quem lavrou a certidão.
6. Visto da autoridade responsável.

Modelo

CERTIDÃO 24/2012

Certifico, em cumprimento do despacho exarado em quatro de outubro de dois mil e onze pelo Senhor Diretor do Departamento de Cadastro da Superintendência Central de Recursos Humanos desta Secretaria de Estado de Administração e Reestruturação, no processo autuado sob o número E-03/22743/99, em aditamento à certidão número 076, datada de 11/5/2010, para fins de prova junto à Câmara Municipal do Rio de Janeiro, que, de acordo com o consignado no processo número E-03/0000/66, a ex-servidora Maria José da Silva, matrícula 000, gozou 6 (seis) meses de licença especial de 7/5 a 6/11/2008, 3 (três) meses de 16/2 a 15/5/2009, 3 (três) meses referentes ao período-base de tempo de serviço apurado entre 7/4/2001 a 4/4/2009. E, por nada mais constar, eu José da Silva, Agente Administrativo, matrícula número 000-0, datilografei a presente certidão que dato e assino.

Rio de Janeiro, 15 de janeiro de 2012.

Nome
Cargo

8. CIRCULAR

Definição: comunicação expedida para diversas unidades administrativas ou funcionários ao mesmo tempo.

Características:
1. Título e data.
2. Ementa (facultativo).
3. Vocativo.
4. Texto.
5. Fecho.
6. Assinatura.

Modelo

CIRCULAR SARE / SUPDIN / nº 227

Rio de Janeiro, 10 de março de 2008.

Para: Titulares de Órgãos Públicos

Assunto: Manual de Organização do Poder Executivo

A Secretaria de Estado de Administração e Reestruturação deverá elaborar, no prazo de 90 (noventa) dias, o Manual de Organização do Poder Executivo, conforme o art. 9º do Decreto nº 25.205, de 5 de março de 2008.

Para este fim, solicito encaminhar à Superintendência de Desenvolvimento Institucional, unidade administrativa daquela Secretaria e responsável pela organização do citado Manual, documentos referentes à estrutura básica, competência e organogramas para subsidiar os trabalhos de edição.

Atenciosamente,

Nome
Cargo

9. CORREIO ELETRÔNICO

Definição: segundo o *Manual da Presidência da República*, o correio eletrônico (*e-mail*), por seu baixo custo e celeridade, transformou-se na principal forma de comunicação para transmissão de documentos. Observe que ele transmite o documento.

Características: não existe uma forma rígida e padronizada para o correio eletrônico. Deve-se evitar, no entanto, linguagem incompatível com uma comunicação oficial. A mensagem deve conter apenas informação sobre o conteúdo e o documento enviado anexo. Deve constar pedido de confirmação de recebimento. Nos termos da legislação em vigor, para que a mensagem de correio eletrônico tenha valor documental, é necessário existir certificação digital que ateste a identidade do remetente, na forma estabelecida em lei.

10. DECLARAÇÃO

Definição: documento que comprova a existência ou não de um direito ou de um fato. Conforme a situação, recebe várias outras especificações: declaração de ausência, declaração de vontade, declaração de crédito, declaração de direito, declaração de guerra, declaração de falência etc.

Características:
1. Título.
2. Identificação de quem escreve (opcional).
3. Identificação da pessoa ou fato.
4. Texto.
5. Local e data.
6. Assinatura.

Modelo

GOVERNO DO DISTRITO FEDERAL
DECLARAÇÃO

Declaro, para os devidos fins, que o servidor JOSÉ DA SILVA, matrícula 12345, Chefe do Setor de Literatura, exerceu, no período de 13 de agosto de 2009 a 25 de julho de 2010, cargo de comissão neste departamento.

Brasília, 14 de abril de 2012.

Nome
Cargo

11. DESPACHO

Definição: espécie do gênero ato administrativo ordinatório. Os despachos podem ser informativos (ordinatórios ou de mero expediente) ou decisórios. Podem ter conteúdo de mera informação dando prosseguimento a um processo ou expediente ou conter uma decisão administrativa. O despacho não deve ser exarado na mesma folha do original submetido à autoridade, e sim em folha separada, para permitir o correto arquivamento dos autos. A publicação do despacho é o princípio que tem por objetivo assegurar moralidade administrativa, excetuados os despachos considerados sigilosos.

Características:
1. Título e origem.
2. Data (pode aparecer antes ou após o texto).
3. Texto.
4. Assinatura.

Modelo 1

DESPACHO DO SECRETÁRIO DE EDUCAÇÃO
Processo nº 12.345/2011

Defiro o pedido formulado por Maria José da Silva, Professora Docente I, matrícula 000-0, tendo em vista o que consta das informações de fls. 4 do presente processo.

Rio de Janeiro, 1º de fevereiro de 2012.

Nome
Cargo

Modelo 2

SUPERINTENDÊNCIA DE CONSTRUÇÃO E ADMINISTRAÇÃO IMOBILIÁRIA
DESPACHO DO SUPERINTENDENTE

Em 17 de agosto de 2011.

De conformidade com o parecer de fls. ... e considerando que a empresa Vivabem adotou as providências necessárias para o funcionamento de seu escritório no Distrito Federal, resolvo tornar sem efeito a penalidade de suspensão do direito de licitar e contratar serviços públicos, a ela aplicada por meio do processo-Dasp 234, em data de 15 de janeiro de 2011.

Nome
Cargo

12. EXPOSIÇÃO DE MOTIVOS

Definição: a exposição de motivos que submeta à consideração do Governador do Estado a sugestão de medidas a serem adotadas ou que apresente projeto de ato normativo deve, obrigatoriamente, apontar o problema, o porquê da medida e o ato normativo que deve ser editado para a solução do problema. Deve, ainda, trazer apensos os anexos necessários ao esclarecimento das questões.

Características:

1. Título abreviado - EM - seguido da sigla do órgão expedidor e sua esfera administrativa, à esquerda da página.
2. Local e data por extenso, à direita da página.
3. Vocativo.
4. Texto, composto de:

4.1. introdução, onde se esclarece o problema que está exigindo a adoção da medida ou ato normativo proposto;

4.2. desenvolvimento, onde se esclarecem as razões de ser da medida ou ato normativo oportuno para o problema exposto;

4.3. conclusão: repetição, para efeito de ênfase da validade da medida para solucionar o problema exposto.

5. Fecho.
6. Assinatura.

Modelo

EM 00146/1991-MRE

Brasília, 24 de maio de 1991.

Excelentíssimo Senhor Presidente da República.

Presidente George Bush anunciou, no último dia 13, significativa mudança da posição norte-americana nas negociações que se realizam – na Conferência do Desarmamento, em Genebra – de uma convenção multilateral de proscrição total das armas químicas. Ao renunciar à manutenção de cerca de dois por cento de seu arsenal químico até a adesão à convenção de todos os países em condições de produzir armas químicas, os Estados Unidos reaproximaram sua postura da maioria dos quarenta países participantes do processo negociador, inclusive o Brasil, abrindo possibilidades concretas de que o tratado venha a ser concluído e assinado em prazo de cerca de um ano. (...)

Respeitosamente,

Nome
cargo

13. FAX

Definição: o fac-símile (ou simplesmente fax) é, no conjunto das correspondências administrativas, um documento específico. Tanto pode ser o ato administrativo em si, com mensagem e numeração própria (e neste caso temos uma mensagem-fax), quanto servir apenas de folha de rosto para o encaminhamento de outro ato (como ocorre nos casos em que o emissor transmite, pelo aparelho de fax, um ofício, uma portaria, um relatório, entre outros).

O fac-símile é, antes de tudo, um meio, um instrumento de transmissão de mensagens. Seria, assim, mais adequado considerá-lo uma modalidade de comunicação, caracterizada pela agilidade. Deve ser, por isso mesmo, utilizado principalmente para a transmissão e o recebimento de assuntos oficiais de urgência e para o envio antecipado de documentos prementes, sendo obrigatório, no caso de ações judiciais, o encaminhamento posterior dos originais da documentação transmitida.

A agilidade e o baixo custo da mensagem-fax restringiram o uso do telegrama e tornaram o telex obsoleto. O baixo custo e a velocidade, no entanto, só são possíveis quando o documento a ser transmitido apresenta pequena quantidade de páginas.

Características:

Devem ser observados os seguintes requisitos para a transmissão de mensagens pelo Setor de Fax:

1. que a mensagem seja acompanhada de uma folha de rosto (se for pequeno o conteúdo da comunicação, pode-se utilizar o campo Mensagem da própria folha de rosto – e este é o caso em que o fax é o ato administrativo em si);

2. que o fax contenha a assinatura ou rubrica do emissor, seguida do primeiro nome legível do servidor responsável pelo conteúdo da mensagem;

3. que as páginas sejam numeradas pela unidade interessada e estejam legíveis.

Observe-se, em qualquer caso, que deve ser utilizada sempre caneta preta, o que assegura maior legibilidade à transmissão.

Modelo de folha de rosto

<table>
<tr><td colspan="2" align="center">Órgão Expedidor
setor do órgão expedidor
endereço do órgão expedidor</td></tr>
<tr><td>Destinatário:</td><td></td></tr>
<tr><td>Número do fax de destino:</td><td>Data:_______/_______/____</td></tr>
<tr><td>Remetente:</td><td></td></tr>
<tr><td>Tel. p/ contato:</td><td>Fax/correio eletrônico:</td></tr>
<tr><td>No de páginas:</td><td>Número do documento:</td></tr>
<tr><td>Observações:</td><td></td></tr>
</table>

14. INFORMAÇÃO

Informação é o ato por meio do qual o servidor manifesta-se acerca de assunto submetido a sua apreciação, com o objetivo de melhor fundamentar questões levantadas ou aclarar fatos não suficientemente relatados. Serve essencialmente ao fornecimento de elementos exigidos ao bom trâmite documental, a fim de que os dados apresentados auxiliem a autoridade competente nos seus despachos e na solução de problemas. Tem como fundamento o exame de processo ou de fato de que se tenha conhecimento.

A informação deve ater-se somente ao necessário para a solução do que consta no procedimento, sem afirmações subjetivas ou incertas. O resumo da questão que motivou o ato poderá iniciar a informação, de modo a permitir que o leitor tome conhecimento do assunto tratado.

Timbre

Identifica o órgão, a secretaria, a coordenadoria e a seção.

Identificação do documento

Inclui o nome e o número do ato. Esses dados são complementados pela referência ao processo a que se refere a informação, e do qual ela fará parte, e pelo assunto do ato.

Vocativo

Invoca o destinatário pelo cargo que ocupa e é seguido de vírgula.

Texto

Consiste no conteúdo da informação, elaborado com clareza e concisão. A introdução relata brevemente a questão que motivou o ato, de modo a permitir que o leitor identifique de imediato o assunto tratado no documento. O desenvolvimento contém todas as questões demandadas ou consideradas essenciais para o esclarecimento da situação analisada. Além disso, à exceção do primeiro parágrafo e do fecho, todos os demais parágrafos são numerados para facilitar possíveis remissões.

Fecho

Deve ser sintético.

Exemplo: *É o que informo* ou *Era o que tínhamos a informar.*

Local e data

São registrados por extenso e sem qualquer supressão. Grafa-se o mês com inicial minúscula.

Assinatura

ltem constituído pelo conjunto assinatura, nome e cargo do expedidor. Esses elementos ficarão centralizados na página.

Modelo

SUPERIOR TRIBUNAL DE JUSTIÇA
Secretaria de Administração e Finanças
Coordenadoria de Compras e Contratos
Seção de Elaboração de Contratos

Informação nº ...
Processo nº ...
Assunto: Aquisição de Impressora de Código de Barras

Senhor Coordenador de Compras e Contratos,

Encaminhamos a Vossa Senhoria informações relativas à aquisição de impressora de código de barras, de acordo com o Projeto Básico de fls. ... a ... dos autos.

2. Conforme consulta feita ao Sistema Integrado de Administração Financeira — Siafi (fl....), a despesa, até o momento, no subelemento *Equipamentos de Processamento de Dados* (Conta Contábil ...), detalhado na fl. ... é de R$ ... (valor por extenso). A despesa realizada com a aquisição de impressoras e leitoras de código de barras é de R$ ... (valor por extenso), que, somada à presente estimativa, enquadra-se na modalidade Convite/Menor Preço, com fundamento no art. 23, II, *a*, da Lei nº 8.666/1993.

3. Sugerimos, assim, a remessa deste processo à Coordenadoria de Orçamento e Finanças para informar disponibilidade orçamentária no valor médio, apresentado no Mapa da Coleta de fl. ... de R$ ... (valor por extenso), e posterior envio ao Senhor Secretário de Administração e Finanças, com vistas à autorização de abertura de processo licitatório.

Era o que tínhamos a informar.

Brasília, (data por extenso).

Assinatura
Nome
Cargo

15. INSTRUÇÃO NORMATIVA

Definição: ato assinado por titular de órgão responsável por atividades sistêmicas, visando a orientar órgãos setoriais e seccionais, a fim de facilitar a tramitação de expedientes relacionados com o sistema e que estejam com instrução e resolução sob responsabilidade desses órgãos. Trata, também, da execução de leis, decretos e regulamentos.

Características:

1. Título (a expressão INSTRUÇÃO NORMATIVA) com numeração.
2. Preâmbulo com a denominação do cargo e do órgão expedidor, seguida por tradição da expressão “no uso de suas atribuições”.
3. Finalização do preâmbulo com a expressão “RESOLVE”.
4. Texto.
5. Local e data por extenso.
6. Assinatura sem indicação do cargo.

Modelo

INSTRUÇÃO NORMATIVA SRH/SARE 155/2004

A SUPERINTENDENTE DE RECURSOS HUMANOS, no uso de suas atribuições legais, e considerando o contido na Resolução SAD nº 1.627, de 3/9/1990, que fixou normas gerais de procedimentos para implementação do regime jurídico único instituído pela Lei nº 1.698, de 23 de agosto de 1990; e especialmente, o disposto no artigo 2º, *in fine*, da acima mencionada Resolução,

RESOLVE:

Art. 1º Ficam padronizados, na forma dos modelos (Anexos I e II), o Ato de Investidura e o Termo de Posse, a que se refere o supracitado artigo.

Art. 2º A presente Instrução Normativa entrará em vigor na data de sua publicação.

Art. 3º Ficam revogadas as disposições em contrário.

Rio de Janeiro, 10 de setembro de 1990.

Nome

16. MEMORANDO

Definição: é a comunicação interna utilizada entre departamentos e servidores para tratar de assuntos em geral. Alguns órgãos adotam também o nome de *comunicação interna*. Basicamente, é o documento de troca de informação entre áreas dentro do próprio órgão.

Características:

1. Identificação do documento e sua numeração.
2. Data.
3. Remetente (opcional) e destinatário.
4. Vocativo.
5. Texto.
6. Fecho.
7. Assinatura.

Modelo

Mem. 118/DJ

Em 12 de abril de 1991

Ao Sr. Chefe do Departamento de Administração

Assunto: **Administração. Instalação de microcomputadores**

1. Nos termos do Plano Geral de informatização, solicito a Vossa Senhoria verificar a possibilidade de que sejam instalados três microcomputadores neste Departamento.

2 Sem descer a maiores detalhes técnicos, acrescento, apenas, que o ideal seria que o equipamento fosse dotado de disco rígido e de monitor padrão EGA. Quanto a programas, haveria necessidade de dois tipos: um processador de textos, e outro gerenciador de banco de dados.

3. O treinamento de pessoal para operação dos micros poderia ficar a cargo da Seção de Treinamento do Departamento de Modernização, cuja chefia já manifestou seu acordo a respeito.

4. Devo mencionar, por fim, que a informatização dos trabalhos deste Departamento ensejará racional distribuição de tarefas entre os servidores e, sobretudo, uma melhoria na qualidade dos serviços prestados.

Atenciosamente,

nome do signatário
cargo do signatário

17. MENSAGEM

Definição: comunicação oficial entre o Poder Executivo e o Poder Legislativo e Poder Judiciário. Também é utilizado entre Senado e Câmara. Algumas vezes, o Executivo acaba por fazer uso desta comunicação com os ministros, governadores e até mesmo com o povo. É o documento pelo qual o Executivo propõe medidas, presta contas, apresenta relatórios.

Características:
1. Título com numeração.
2. Vocativo.
3. Texto.
4. Data.
5. Assinatura (o Presidente da República não precisa assinar).

Modelo

Mensagem nº 118

Excelentíssimo Senhor Presidente do Senado Federal,

Comunico a Vossa Excelência o recebimento das Mensagens SM 106 a 110, de 1991, nas quais informo a promulgação dos Decretos Legislativos nºs 93 a 97, de 1991, relativos à exploração de serviços de radiodifusão.

Brasília, 28 de março de 1991.

18. OFÍCIO

Definição: documento expedido para tratar de assuntos oficiais pelos órgãos da Administração Pública entre si e com particulares. É comunicação externa. Embora alguns governos e prefeituras municipais utilizem o modelo *Carta*, o correto, segundo as normas de Redação Oficial, seria o uso de ofício ao se escrever para fora do órgão. No cabeçalho do documento devem constar, além do endereço do órgão remetente, também telefone e/ou correio eletrônico.

Características:

1. Identificação do documento e numeração.
2. Data.
3. Endereçamento.
4. Assunto.
5. Vocativo.
6. Texto.
7. Fecho.
8. Assinatura.

Modelo

Ofício nº 524/1991/SG-PR

Brasília, 27 de maio de 1991.

A Sua Excelência o Senhor
Deputado [Nome]
Câmara dos Deputados
70.160-900 – Brasília – DF

Assunto: **Demarcação de terras indígenas**

Senhor Deputado,

1. Em complemento às observações transmitidas pelo telegrama nº 154, de 24 de abril último, informo Vossa Excelência de que as medidas mencionadas em sua carta nº 6.708, dirigida ao Senhor Presidente da República, estão amparadas pelo procedimento administrativo de demarcação de terras indígenas instituído pelo Decreto nº 22, de 4 de fevereiro de 1991 (cópia anexa).

2. Em sua comunicação, Vossa Excelência ressalva a necessidade de que – na definição e demarcação das terras indígenas – fossem levadas em consideração as características sócio-econômicas regionais.
3. Nos termos do Decreto nº 22, a demarcação de terras indígenas deverá ser precedida de estudos e levantamentos técnicos que atendam ao disposto no art. 231, § 1º, da Constituição Federal. Os estudos deverão incluir os aspectos etno-históricos, sociológicos, cartográficos e fundiários. O exame deste último aspecto deverá ser feito conjuntamente com o órgão federal ou estadual competente.
4. Os órgãos públicos federais, estaduais e municipais deverão encaminhar as informações que julgarem pertinentes sobre a área em estudo. É igualmente assegurada a manifestação de entidades representativas da sociedade civil.
5. Os estudos técnicos elaborados pelo órgão federal de proteção ao índio serão publicados juntamente com as informações recebidas dos órgãos públicos e das entidades civis mencionadas.
6. Como Vossa Excelência pode verificar, o procedimento estabelecido assegura que a decisão a ser baixada pelo Ministro de Estado da Justiça sobre os limites e a demarcação de terras indígenas seja informada de todos os elementos necessários, inclusive daqueles assinalados em sua carta, com a necessária transparência e agilidade.

Atenciosamente,

[Nome]
[cargo]

19. ORDEM DE SERVIÇO

Definição: ato por que se baixam instruções a respeito de normas de serviço ou de administração de pessoal. São objeto de ordens de serviço, datadas e numeradas, as determinações administrativas de caráter específico e as decisões relativas a pessoal, desde que não sejam essas objeto de portarias.

Características:

1. Título com numeração e data por extenso.

2. Preâmbulo (segue o modelo da instrução normativa).
3. Texto.
4. Local e data.
5. Assinatura sem indicação do cargo.

Modelo

> **ORDEM DE SERVIÇO SUCTOF 001, DE 7 DE ABRIL DE 1999**
>
> **O SUPERINTENDENTE CENTRAL DE TRANSPORTES OFICIAIS DO ESTADO DO RIO DE JANEIRO**, no uso de suas atribuições legais e tendo em vista a necessidade de disciplinar a distribuição das quotas de combustível,
>
> RESOLVE:
>
> **Art. 1º** A entrega da quota mensal de combustível ao órgão participante do sistema de controle de combustível será feita a pessoa credenciada, mediante ofício do órgão participante, indicando o quantitativo desejado, que só será liberado após análise desta Suctof.
>
> **Art. 2º** Esta Ordem de Serviço entrará em vigor na data de sua publicação, revogadas as disposições em contrário.
>
> Rio de Janeiro, 17 de abril de 1999.
>
> Nome

20. PARECER

Definição: manifestação de órgãos especializados sobre assuntos submetidos à sua consideração; indica a solução ou razões e fundamentos necessários à decisão a ser tomada pela autoridade competente. Pode ser enunciativo, opinativo ou normativo. Em se tratando de parecer emitido por colegiado, este somente surtirá efeitos se aprovado pelo Plenário, caso em que deve ser explicitado no documento.

Características:
1. Título com numeração e referência ao órgão.
2. Número do processo e sigla do órgão que solicitou o parecer.
3. Ementa.
4. Texto.
5. Fecho "É o parecer, *sub censura*", por exemplo.
6. Local e data.
7. Assinatura.

Modelo

PARECER X X/20 X X/SIGLA
Processo Administrativo x x x x x/20 x x

APOSTILA. REAJUSTE PREVISTO NA ASSINATURA DO TERMO DE RESPONSABILIDADE. ARTIGO 65, § 8º, DA LEI DE LICITAÇÕES.

Senhor(a) Cargo,

Trata-se de pedido de análise, nos termos do despacho de fl. x x, da Apostila xx ao Termo de Permissão de Uso x x/20x x, firmado entre este egrégio Tribunal e a Instituição x x x x x x , com base no disposto no artigo x x x, inciso X, do Regimento Interno do TJDFT.

2. (...).

PARECER

3. Primeiramente, há de se salientar que (...).

4. Por outro lado, o instrumento utilizado para a formalização do reajuste está em perfeita harmonia com o previsto pela legislação pátria, mais especificamente pelo § 8º do artigo 65 da Lei de Licitações e Contratos, que assim dispõe, *in verbis*:

> Art. 65 (...)
>
> § 8º A variação do valor contratual para fazer face ao reajuste de preços previsto no próprio contrato, as atualizações, compensações ou penalizações financeiras decorrentes das condições de pagamento nele previstas, bem como o empenho de dotações orçamentárias suplementares (...).

5. (...).

6. Diante do exposto, manifesta-se esta Assessoria Jurídica Administrativa da ... pela **APROVAÇÃO** da Apostila de fl. x x x.

É o parecer, que segue devidamente rubricado em todas suas folhas, a fim de que se dê normal andamento a este procedimento.

Unidade Emitente, em x x de x x x x x de 20 x x.

Nome do Parecerista
Cargo

21. PORTARIA

Definição: ato pelo qual as autoridades competentes (titulares de órgãos) determinam providências de caráter administrativo, visando a estabelecer normas de serviço e procedimentos para o(s) órgão(s), bem como definir situações funcionais e medidas de ordem disciplinar.

Características:
1. Título com numeração e data da assinatura.
2. Preâmbulo (segue o modelo da instrução normativa).
3. Texto.
4. Local e data.
5. Assinatura sem indicação do cargo.

Modelo

PORTARIA GPR XXX DE XX DE XXXXX DE 20XX

Dispõe sobre a jornada laboral dos Analistas Judiciários do TJDFT, Área Apoio Especializado, Especialidades Medicina e Odontologia.

O PRESIDENTE DO TRIBUNAL DE JUSTIÇA DO DISTRITO FEDERAL E TERRITÓRIOS, no uso de suas atribuições legais;

Considerando o disposto no artigo 19 da Lei nº 8.112, de 11 de dezembro de 1990, e a orientação do Tribunal de Contas da União, exarada na concessão de Audiência mencionada no Ofício XXX/SIGLA – Processo TC XXX.XX/20XX – alínea X;

RESOLVE:

Art. 1º Dispor sobre a jornada laboral dos Analistas Judiciários do TJDFT, Área Apoio Especializado, Especialidades Medicina e Odontologia.

Art. 2º Estabelecer que os ocupantes dos cargos de Analista Judiciário, Área Apoio Especializado, Especialidade Medicina, e de Analista Judiciário, Área Apoio Especializado, Especialidade Odontologia, do TJDFT deverão cumprir jornada laboral de 6 horas diárias.

Parágrafo único. Os servidores que ocupam os cargos mencionados no *caput* deste artigo, designados para o exercício de cargo em comissão ou de função comissionada, deverão cumprir jornada integral de trabalho no expediente vigente nesta Corte de Justiça.

Art. 3º Esta Portaria entrará em vigor na data de sua publicação.

Desembargador **XXXXXXXXX**
Presidente do Tribunal de Justiça do Distrito Federal e Territórios

22. RELATÓRIO

Definição: é a exposição circunstanciada de atividades levadas a termo por funcionário, no desempenho das funções do cargo que exerce, ou por ordem de autoridade superior. É geralmente feito para expor: situações de serviço, resultados de exames, eventos ocorridos em relação a planejamento, prestação de contas ao término de um exercício etc.

Características:
1. Título.
2. Assunto (opcional).
3. Vocativo.
4. Texto composto de introdução, desenvolvimento e conclusão. Na introdução enuncia-se o propósito do relatório; no desenvolvimento - corpo do relatório - a exposição detalhada dos fatos; e, na conclusão, o resultado ou síntese do trabalho, bem como a recomendação de providências cabíveis.
5. Fecho.
6. Local e data.
7. Assinatura.

Modelo

RELATÓRIO X X X X X X X X

Ao Senhor Corregedor da Justiça do Distrito Federal
Assunto: **Apura fatos noticiados no PA x x x x.**

Pela Portaria x x x x, publicada no *Diário da Justiça* de x x/x x/2008, foi instaurada a presente comissão, a fim de se proceder à apuração de eventual responsabilidade de servidor, concernente a furtos e a arrombamentos noticiados pelo Coordenador dos x x x x x nos procedimentos administrativos x x x x e x x x x x, ocorridos no Depósito Público da Circunscrição Judiciária x x x x x x x x.

2. (...).

3. Cumpre-nos assinalar, com base em exame acurado e imparcial dos autos, que não há provas da participação ou da responsabilidade de servidor do TJDFT, por ação ou por omissão.

4. Da análise dos documentos carreados aos autos (cópias dos registros de ocorrência policial, fotos etc.) e dos depoimentos prestados, extraíram-se as informações essenciais à instrução da presente Sindicância, as quais nortearam a conclusão adotada por esta Comissão.

5. (...).

6. Diante do exposto, esta Comissão propõe a Vossa Excelência, salvo melhor juízo, o ARQUIVAMENTO deste procedimento administrativo.

Respeitosamente,

Brasília-DF, x x de x x x de 20 x x.

Nome
Presidente da Comissão de Sindicância

23. REQUERIMENTO

Definição: documento pelo qual o interessado solicita ao Poder Público algo a que se julga com direito, ou para se defender de ato que o prejudique.

Características:
1. Vocativo: forma de tratamento, cargo e órgão a que se dirige. Não se pode usar o nome da pessoa ou alguma outra forma de saudação. É comum deixar entre o vocativo e o texto de 7 a 10 espaços.
2. Texto com a identificação do requerente (nome, filiação, naturalidade, estado civil, profissão, residente – sendo funcionário do próprio órgão, apresentar apenas os dados de identificação interna). Após a identificação, faz-se o pedido, de forma clara e objetiva, citando o fundamento legal que permite a solicitação.
3. Fecho (pode empregar *Nesses termos, pede deferimento*, *Nesses termos, espera deferimento*, *Pede deferimento* ou semelhantes, sem exageros).
4. Local e data.
5. Assinatura.

Modelo

> Senhor Governador do Estado do Rio de Janeiro,
>
> JOSÉ JOAQUIM, agente administrativo, nível I, matrícula nº 0000-0, lotado nesta Secretaria, com exercício no Departamento Geral de Administração, requer revisão de seus proventos, por discordar do disposto em seu contracheque.
>
> Nesses termos,
> Pede deferimento.
>
> Rio de Janeiro, 26 de abril de 2007.
>
> Assinatura

24. TELEGRAMA

Definição: é o nome dado a toda comunicação expedida por meio de telegrafia, telex etc. Por seu alto custo, vem sendo substituído, progressivamente, pelo fax e pelo *e-mail*, que são meios mais modernos e eficientes de transmissão, devendo-se, por isso, restringir o seu uso a mensagens urgentes que não possam ser enviadas de outro modo ou quando se precisa da confirmação identificada de recebimento.

Não há estrutura rígida para o telegrama, que, contudo, deve pautar-se pela concisão e adequar-se aos formulários disponíveis nas agências dos Correios e em sua página na Internet. Modernamente, vem caindo em desuso a linguagem abreviada (apropriadamente qualificada de *telegráfica*), dando lugar ao texto corrido comum, devendo este, portanto, ser redigido com pontuação e acentuação normais.

Modelo

> Senhor José da Silva,
>
> Solicito a V.Sa. o urgente comparecimento na Câmara dos Deputados – Coordenação de Contratos – Anexo I, 13º andar, sala 1.306, para tratar de assinatura de contrato de prestação de serviços.
>
> Cordialmente,
>
> João dos Santos
> Diretor

QUESTÕES DE PROVAS

1. Na redação oficial, o fecho que encerra corretamente um *requerimento* é:
   a) Aguardamos, portanto, as providências de V.Sa. Atenciosamente,
   b) Encaminhamos este documento para apreciação de V. Sa. e possíveis providências.
   c) Nestes termos, Pede deferimento.
   d) Nada mais havendo a tratar, foram encerrados os trabalhos. Eu, Fulano de Tal, redigi e assino.
   e) E, por estarem de pleno acordo, assinam as partes o presente instrumento, em duas vias de igual teor e forma, para os efeitos legais.

2. Nos padrões oficiais de redação, a *carta-circular* é:
   a) Instrumento de comunicação utilizado pela administração para dar conhecimento a interessados sobre assuntos diversos, tais como abertura de licitação e provimento de cargos públicos.
   b) Correspondência enviada simultaneamente a diversos destinatários, com texto idêntico, transmitindo instruções, ordens, recomendações, ou determinando a execução de serviços.
   c) Decisão proferida por autoridade administrativa, sobre exposição de motivos, parecer, informação, requerimento ou demais papéis submetidos pelas partes a seu conhecimento e solução.
   d) Correspondência oficial utilizada pelas autoridades públicas para tratar de assuntos de serviço ou de interesse da administração. É também utilizada por particulares.
   e) Conjunto de regras de caráter geral, da competência do Poder Executivo, para esclarecer ou complementar um texto legal, garantindo a exata execução de determinada lei ou decreto.

3. Com base no *Manual de Redação da Presidência da República*, analise as afirmativas a seguir:

   I – Dois são os fechos indicados para todas as modalidades de comunicação oficial: *atenciosamente* e *respeitosamente.*

   II – Nas comunicações oficiais fica proibido o uso de negrito, itálico, sublinhado, letras maiúsculas, sombreado, sombra, relevo, bordas ou qualquer outra forma de formatação que afete a elegância e a sobriedade do documento.

   III – Para facilitar a localização, os nomes dos arquivos devem ser formados da seguinte maneira: *tipo do documento +número do documento + palavras-chave do conteúdo.*

Assinale:
a) se somente as afirmativas I e II estiverem corretas.
b) se somente as afirmativas II e III estiverem corretas.
c) se todas as afirmativas estiverem corretas.
d) se somente as afirmativas I e III estiverem corretas.
e) se nenhuma afirmativa estiver correta.

4. Em relação à redação oficial, com base no *Manual de Redação da Presidência da República*, analise as afirmativas a seguir:
I – A redação oficial deve caracterizar-se pela impessoalidade, uso do padrão culto de linguagem, clareza, concisão, formalidade e uniformidade.
II – A transparência do sentido dos atos normativos, bem como sua inteligibilidade, são requisitos do próprio Estado: é inaceitável que um texto legal não seja entendido pelos cidadãos. A publicidade implica necessariamente clareza e concisão.
III – As comunicações oficiais não precisam necessariamente ser uniformes, pois há sempre um único comunicador (o Serviço Público) e o receptor dessas comunicações ou é o próprio Serviço Público (no caso de expedientes dirigidos por um órgão a outro) – ou o conjunto dos cidadãos ou instituições tratados de forma homogênea (o público).

Assinale:
a) se somente as afirmativas I e II estiverem corretas.
b) se somente as afirmativas II e III estiverem corretas.
c) se somente as afirmativas I e III estiverem corretas.
d) se todas as afirmativas estiverem corretas.
e) se nenhuma afirmativa estiver correta.

5. A respeito do memorando, com base no *Manual de Redação da Presidência da República*, analise as afirmativas a seguir:
I – Tem caráter administrativo, devendo ser adotado como principal comunicação cotidiana pelo serviço público nessa esfera.
II – O memorando é a modalidade de comunicação entre unidades administrativas de um mesmo órgão, que podem estar hierarquicamente em mesmo nível ou em níveis diferentes. Trata-se de uma forma de comunicação eminentemente interna.
III – Sua característica principal é a agilidade. A tramitação do memorando em qualquer órgão deve pautar-se pela rapidez e pela simplicidade de procedimentos burocráticos. Para evitar desnecessário aumento do número de comunicações, os despachos ao memorando devem ser dados no próprio documento e, no caso de falta de espaço, em folha de continuação.

Assinale:
a) se somente as afirmativas I e II estiverem corretas.
b) se somente as afirmativas I e III estiverem corretas.
c) se somente as afirmativas II e III estiverem corretas.
d) se todas as afirmativas estiverem corretas.
e) se nenhuma afirmativa estiver correta.

6. Assinale a opção incorreta a respeito de correspondência oficial.
a) O resumo do assunto, na correspondência oficial, é chamado de ementa.
b) Se a forma de tratamento do destinatário da correspondência for Vossa Excelência ou Vossa Senhoria, por força da concordância exigida para os pronomes pessoais que a ele se referem, não se pode usar vosso e suas flexões.
c) Introduzir um ofício usando frases como *Viemos, por intermédio do presente, acusar recebimento da petição e levar ao conhecimento de V. Sa. que ...* é sinal de elegância, concisão, correção linguística e respeito.
d) Denomina-se circular o instrumento de comunicação que se envia a vários destinatários simultaneamente, com vistas à transmissão de instruções, ordens, esclarecimento de conteúdo de leis, regulamentos etc.
e) Os fechos *Atenciosamente* e *Respeitosamente* são adequados para um ofício.

7. Observe o texto a seguir.

Brasília, 1º de junho de 2008.

Para a Coordenação de Concursos do Cespe/UnB,

Requerimento:

JOSÉ DA SILVA DOS SANTOS REIS, devidamente inscrito no concurso para TÉCNICO JUDICIÁRIO do Tribunal de Justiça do Distrito Federal, com a inscrição n.º 197.542/03, VENHO, POR DIREITO E MUI RESPEITOSAMENTE, solicitar a Vocês a emissão de uma certidão de comparecimento nesta prova realizada nesta data supracitada, uma vez que hoje estou trabalhando em turnos e preciso comprovar meu afastamento do serviço no período da tarde, para realizar o referido exame.

Nesses termos, peço aceitação do meu pedido e AGUARDO DEFERIMENTO.
Atenciosamente,

José da Silva dos Santos Reis.

Com respeito ao texto acima, assinale a opção correta.

a) O lugar correto para a colocação da data é à esquerda, e não à direita, como se encontra no documento.

b) O tipo de documento adequado para tal finalidade não é o requerimento e, sim, o ofício.

c) Em vez do pronome de tratamento "Vocês", o redator deveria ter empregado Vossas Excelências.

d) O candidato deveria ter solicitado uma declaração, e não uma certidão.

e) O fechamento "Atenciosamente" deveria constar antes do pedido de deferimento.

8. Assinale a opção correta com relação à redação oficial.

a) Na redação oficial, exige-se, além de lógica e coerência na organização das ideias do texto, criatividade e eruditismo.

b) Ofício é a correspondência interna dos órgãos públicos que visa tratar de assuntos administrativos e(ou) pessoais entre autoridades de mesma hierarquia ou entre estas e inferiores hierárquicos.

c) O ofício deve apresentar, no fecho, o motivo da comunicação e a forma de cortesia conveniente.

d) O relatório administrativo é uma narração de fatos de uma reunião e de ocorrências administrativas ou pessoais e pode não apresentar conclusão devido a sua natureza investigativa.

e) Em relatórios administrativos, pode-se incluir material ilustrativo, tais como gráficos, tabelas e diagramas, que devem estar incorporados no texto ou anexados a ele.

9. Assinale a opção incorreta com relação ao uso das formas de tratamento na redação oficial.

a) Os pronomes ou expressões de tratamento devem, preferencialmente, ser grafados por extenso nas correspondências oficiais.

b) Nas formas de tratamento, os pronomes *Vossa* e *Sua* devem ser empregados, respectivamente, em relação à pessoa com quem se fala, isto é, a quem se dirige a correspondência, e à pessoa de quem se fala.

c) É gramaticalmente correto e adequado ao padrão ofício o seguinte trecho de início de correspondência oficial: *Encaminhamos a Vossa Senhoria as informações referentes a seu pedido de 16 de fevereiro de 2008.*

d) A concordância de gênero com as formas de tratamento deve ser feita no masculino, independentemente do sexo da pessoa a quem a forma de tratamento se refira, pois o gênero deve ser mantido neutro nas correspondências oficiais.

e) Não se emprega a crase diante das formas de tratamento, ainda que estas sejam subordinadas a termos que exijam preposição, com exceção dos tratamentos *senhora* e *senhorita*.

10. Assinale a opção correta acerca da redação oficial.

a) Requerimento é um documento específico por meio do qual se solicita algo a que se tem direito ou se supõe ter.

b) Memorando é uma correspondência oficial externa entre autoridades de mesmo nível hierárquico, assemelhado, em sua estrutura, ao requerimento.

c) O fecho de um memorando apresenta expressões canônicas, tais como *Nestes termos, aguarda deferimento* e *Espera deferimento*.

d) Memorando, ofícios e requerimentos devem ser numerados na borda superior do papel, junto à margem esquerda.

e) A redação de um ofício assemelha-se, conforme o assunto tratado, à produção literária, visto que é comum e aceitável, na elaboração desse tipo de documento, o emprego de figuras de linguagem e de estruturas linguísticas coloquiais.

11. Com referência à redação oficial, assinale a opção correta.

a) Abaixo-assinado é um requerimento coletivo próprio para tribunais em que não se colocam no início os nomes dos remetentes e, sim, do destinatário.

b) Ata é o resumo escrito de fatos ou decisões de uma assembléia, sessão ou reunião para determinado fim.

c) Atestado é o documento firmado por uma repartição pública em favor de outra, a respeito de determinado fato.

d) O aviso é a correspondência padrão, caracterizada, no início, pelo papel timbrado e, no fim, por fechos tradicionais de cortesia.

12. Ao redigir um documento a ser enviado a uma autoridade, é necessário empregar o pronome de tratamento adequado. Assinale a opção em que a relação estabelecida entre as colunas não está de acordo com a normatização do emprego dos pronomes de tratamento.

a) Vossa Excelência / presidente da República.

b) Vossa Magnificência / reitor de universidade.

c) Vossa Senhoria / senhor José da Silva.

d) Vossa Excelência / desembargador.

e) Vossa Senhoria / presidente do Supremo Tribunal Federal.

13. Assinale a opção que apresenta a definição correta de ata.

a) Resumo escrito que constitui registro de fatos, ocorrências, resoluções, decisões e deliberações de uma assembleia, sessão ou reunião.

b) Ato administrativo de correspondência entre agentes de uma mesma repartição, no qual, de maneira simples e direta, são tratados assuntos de rotina para conhecimento interno. Dispensa fórmulas de cortesia e demais formalidades.
c) Exposição circunstanciada de atividade administrativa, ou relato mais ou menos minudente que se faz por escrito, por ordem de autoridade superior ou no desempenho das funções do cargo que exerce.
d) Documento específico de solicitação, no qual o indivíduo expõe a matéria objeto do pedido. Compõe-se de vocativo, preâmbulo, estado civil, nacionalidade, idade, residência e profissão do peticionário, contexto e fecho.
e) Declaração firmada por alguém em razão do seu ofício, na qual afirma a verdade de um fato ou estado, ou a existência de uma obrigação, e que, fornecida a outrem, serve a este de documento.

Leia o texto a seguir para responder à próxima questão.

Tendo em vista a necessidade de treinamento na área e conforme orientação desse Centro e de acordo com mensagem de 20/11/1994 no Informativo nº 1.000, e considerando ainda a prioridade que tem merecido a melhoria de atendimento os nossos clientes, solicitamos o especial obséquio de verificar a possibilidade de incluir na pauta dos próximos cursos, ainda que para o próximo semestre, os funcionários abaixo indicados para o treinamento de Atendente de Público, se possível com prioridade.
Sem mais para o momento e certos de sua habitual presteza e atenção para com as postulações deste Posto, desde já agradecemos, colocando-nos à sua inteira disposição para quaisquer informações que se fizerem necessárias no sentido de termos atendido nosso pleito, com a brevidade possível.

14. O texto acima infringe as normas exigidas de um texto oficial porque
a) é ambíguo.
b) utiliza-se de linguagem prolixa.
c) não se utiliza do padrão culto da linguagem.
d) não respeita, reiteradamente, as regras gramaticais da norma culta.
e) é redigido de forma obscura, de modo que não é possível compreender o que se solicita.

15. Assinale a opção cujo fragmento obedece às exigências de correção gramatical, impessoalidade e objetividade, próprias da redação de documentos oficiais.
a) São passíveis de penhora o numerário pertencente à associação ainda que em tal valor se insira o pagamento de salários de seus empregados. Na realidade, a vedação legal de constrição atinge somente os salários efetivamente recebidos.
b) Adicional noturno e horas extras não são abrangidos pelo conceito de remuneração, logo, não pode sobre eles incidir a contribuição previdenciária, segundo entendimento embasado na Lei nº 8.112/1990.

c) Inexistindo, nos autos, provas concludentes no sentido de descaracterizar a atuação de um dos acusados, mero empregado de imobiliária, que agiu mediante ordens de seu preposto, mantêm-se a absolvição decretada, eis que ausente a intenção de lesar o bem jurídico tutelado.
d) Deve ser anulado o julgamento do tribunal do júri, no qual a formulação dos quesitos se deu de forma complexa, violando o procedimento normatizado, cujo determina que os quais quesitos deverão ser feitos em proposições simples e bem distintas.
e) Cuidando-se de empresa pública, a penhora dos valores existentes em sua conta-corrente poderá ocasioná-la danos de difícil reparação, inviabilizando a adimplência de compromissos assumidos, inclusive o pagamento de salários de funcionários.

Considerando as normas de redação de documentos oficiais, julgue os seguintes itens como certos ou errados, a respeito do fragmento do documento a seguir.

ESTADO DO CEARÁ
PODER JUDICIÁRIO
TRIBUNAL DE JUSTIÇA

CARTA-CONVITE N.º 13/2008
DO PRESIDENTE DA COMISSÃO PERMANENTE DE LICITAÇÃO
À (AO)

1. Pela presente, convidamos V.S.ª para apresentar proposta para Contratação de serviços de decoração e arranjos florais a fim de atender às necessidades do Poder Judiciário do Estado do Ceará, observando-se o disposto nos ANEXOS 1 – Projeto de decoração, e II – Minuta de contrato.
2. (...)

Fortaleza – CE, 3 de junho de 2008

Fulano de Tal
Presidente da Comissão Permanente de Licitação

Internet: <www.tjce.jus.br> (com adaptações).

16. O timbre colocado acima do documento identifica o órgão público emissor da carta-convite; por isso, não é necessário o código TJCE completando o número do documento, como seria necessário caso não houvesse o timbre.

17. Considerando que, no corpo do documento, o destinatário recebe tratamento de *V.S.ª*, o sobrescrito do envelope que contiver esse documento deverá apresentar o tratamento *Excelentíssimo Senhor*.

18. Seria preservado o respeito às exigências de formalidade e de correção gramatical dos documentos oficiais ao se redigir a parte final do primeiro item do documento em questão da seguinte forma: observando-se o disposto no Projeto de decoração e na Minuta de contrato, em anexo.

19. Como se vê no texto, por ser documento objeto de publicação, a carta-convite é datada ao final, depois do texto informativo, antes da identificação do emissor, de modo semelhante ao ofício e ao memorando.

Leia o texto a seguir para responder aos próximos itens:

Vimos informar que o plenário do Conselho Nacional de Justiça aprovou, por unanimidade, em sessão plenária - depois de ampla consulta pública e de três anos de trâmites –, o Código de Ética da Magistratura Nacional. Num texto sintético, o conjunto de regras é dividido em 42 artigos, entre os quais o que dispõe: "Os preceitos do presente Código complementam os deveres funcionais dos juízes que emanam da Constituição Federal, do Estatuto da Magistratura e das demais disposições legais". Em breves capítulos, o documento trata dos princípios fundamentais imprescindíveis para o exercício da magistratura: independência, imparcialidade, transparência, integridade pessoal e profissional, diligência e dedicação, cortesia, prudência e sigilo profissional, dignidade, honra e decoro.

Jornal do Brasil, Editorial, 30/8/2008 (com adaptações).

Acerca do texto acima, julgue o item a seguir.

20. O fragmento, por seu conteúdo, sua estrutura e sua linguagem, pode fazer parte de uma correspondência oficial, como um ofício.

Julgue os itens que se seguem, referentes a redação de correspondências oficiais.

21. O pronome de tratamento empregado em comunicações dirigidas aos chefes dos três poderes é Excelentíssimo Senhor seguido do cargo.

22. O memorando tem como finalidade a comunicação entre os chefes de unidades administrativas de órgãos distintos.

23. Está correto o emprego do pronome de tratamento no seguinte trecho de uma comunicação oficial: Vossa Excelência, Andreas Schleicher, é favorável ou contrário a se traçarem comparações entre resultados do PISA?

24. Ao se escrever um requerimento ao ministro da Educação, solicitando esclarecimentos acerca das providências que já estão sendo tomadas para o PISA/2009, o tratamento a ser empregado com relação ao destinatário de tal expediente é Vossa Magnificência.

Leia os seguintes fragmentos de um documento do padrão ofício para responder aos próximos itens.

I – Solicitamos à Vossa Senhoria que sejam indicados, até 22 de julho do corrente ano, os cinco servidores para participarem da elaboração dos projetos.

II – Carlos de Sousa Soares
Diretor-Geral de Recursos Humanos

III – Senhor Secretário,

IV – Respeitosamente,

V Brasília, 27 dc junho de 2008.

VI – Ofício nº 23/DRH/ME.

25. Observando o corpo de texto, pode-se inferir que a situação é mais adequada a um memorando.

26. O nome por extenso do signatário é opcional, já que a assinatura é obrigatória.

27. No vocativo de um ofício, deveria constar apenas o nome do destinatário.

28. Considerando que o destinatário é de menor hierarquia que o signatário, o fecho indicado está errado.

29. Em se tratando de um ofício, está faltando o endereçamento.

30. A sequência lógica do documento é: VI –V-III-I-IV-II.

31. A crase antes do pronome de tratamento é facultativa.

32. No texto, não há obediência ao princípio da concisão.

33. No vocativo, a vírgula poderia ser substituída por dois-pontos.

Leia o texto a seguir para responder aos próximos itens.

A realidade é constitutivamente heterogênea. Nela, coexistem vários povos, diversas orientações sexuais, diferentes culturas, muitos modos de falar etc. No entanto, observa-se que uma das dificuldades da vida social é a aceitação da diferença. Os preconceitos aparecem quando se considera uma especificidade como toda uma realidade ou como elemento superior a todos os outros. Nesse caso, tudo o que é diferente é visto seja como inexistente, seja como inferior, feio, errado. A raiz do preconceito está na rejeição da alteridade ou na consideração das diferenças como patologia, erro, vício etc.

J. L. Fiorin. Os Aldrovandos Cantagalos e o preconceito linguístico.
In: Fábio Lopes da Silva e Heronides M. de M. Moura. O direito à fala.
Florianópolis: Insular, p. 23-4 (com adaptações).

34. O respeito às regras da norma culta, requisito da redação de documentos oficiais, exigiria que a contração em **das dificuldades** fosse desfeita, grafando-se **de as dificuldades**, se o período em que ocorre esse termo constasse de um texto oficial.

Considerando que o texto a seguir constitui o trecho final de um parecer, julgue os itens subsequentes.

> Assinale-se, finalmente, que, na medida que os responsáveis forem identificados, há o dever de fazer sobre eles incidir as medidas legais e pertinentes.
>
> Salvador, 12 de setembro de 2008.
>
> Pedro Álvares Cabral
> Assessoria Jurídica

35. Para que o documento respeite as regras gramaticais da norma padrão, adequada à elaboração de documentos oficiais, deve-se substituir a expressão **na medida que** por **à medida que**.

36. O fecho do documento respeita a normatização da redação oficial, com local, data, assinatura, nome e cargo do signatário.

Observe o modelo de documento a seguir para responder aos próximos itens.

Ofício 31.2008
Diretoria de Ensino Região Leste 1

São Paulo, 29 de julho 2008

Senhor (a) Diretor (a)

A Dirigente Regional de Ensino da DER Leste 1 solicita de Vossa Senhoria especial atenção para o que segue, bem como divulgar as matérias contidas neste documento junto aos interessados.

1 – Educação Física Escolar:
A orientação é de que os professores de educação física utilizem locais cobertos, como ginásios e pátios, e que deixem as atividades que exigem mais esforços para quando a umidade estiver mais alta.
A ação da Secretaria tem objetivo de poupar os alunos de qualquer problema de saúde oriundo de atividades neste período. O tempo seco e o calor atingem o Estado há cerca de 1 mês. A umidade relativa do ar está abaixo dos 46% em São Paulo. Com a recomendação da Secretaria, as atividades de educação física podem ser desenvolvidas em sala de aula, com temas sobre fisiologia, história e regras dos diversos esportes e jogos de classe, trabalhando, assim, a agilidade e a coordenação motora. É importante também que os alunos sejam conscientizados da ingestão de líquidos para a hidratação.

2 – Curso de Xadrez e Damas – *online*:
O programa visa estimular a aprendizagem nessas duas modalidades de jogos. É um curso gratuito e feito na modalidade de ensino a distância.

- Critérios para participação: ter acima de 12 anos; ter acesso à Internet.
- Endereço para enviar a Inscrição: Rua Caetano Braga, 128 – Itaquera – CEP 08250-490 – SP.

Mara Maria Silva
Dirigente Regional de Ensino

Internet: <deleste1.edunet.sp.gov.br> (com adaptações).

Quanto à correção gramatical e às exigências da redação oficial, julgue os itens a seguir, relativos ao texto acima.

37. De acordo com as normas para a redação de documentos oficiais, a inscrição no alto dos ofícios deve conter o tipo e o número do documento, seguido da sigla do órgão expedidor. No texto em questão, poderia ser: Of. 31/2008-DER Leste 1.

38. Estaria adequado o uso do tratamento **Digníssimo** antes do pronome **Senhor**, no vocativo, por se dirigir a funcionário público com cargo de confiança.

39. No período que inicia o ofício, ocorre um problema de paralelismo no trecho "solicita de (...) bem como divulgar". Para evitá-lo, seria recomendado reescrever esse trecho da seguinte forma: solicita de (...), bem como a divulgação.

40. A expressão **online**, no título do item 2, poderia ter sido evitada, uma vez que se trata de estrangeirismo e a explicação sobre o item já indica que se refere à modalidade de curso **a distância**.

41. O verbo **visa**, que aparece no início do item 2 do ofício, rege preposição **a**, a qual pode ser omitida quando o complemento é uma oração com verbo no infinitivo.

42. No caso dos ofícios, local e data podem aparecer ao final do texto.

43. Observa-se falta de objetividade da signatária no primeiro período do texto, que poderia iniciar-se com a seguinte redação: Solicito a V. S.ª especial atenção (...).

Leia o texto a seguir para responder aos próximos itens.

Declaração sobre o uso do progresso científico e tecnológico no interesse da paz e em benefício da humanidade

Proclamada pela Assembléia Geral das Nações Unidas em 10 de novembro de 1975 – Resolução nº 3.384 (XXX).

A Assembleia Geral,

Tomando nota de que o progresso científico e tecnológico converteu-se em um dos fatores mais importantes do desenvolvimento da sociedade humana,

Levando em consideração que o progresso científico e tecnológico, ao mesmo tempo que cria possibilidades cada vez maiores de melhorar as condições de vida dos povos e das nações, pode, em certos casos, dar lugar a problemas sociais, assim como ameaçar os direitos humanos e as liberdades fundamentais do indivíduo, (...)

Proclama solenemente que:

Todos os Estados promoverão a cooperação internacional com o objetivo de garantir que os resultados do progresso científico e tecnológico sejam usados para o fortalecimento da paz e da segurança internacionais, a liberdade e a independência, assim como para atingir o desenvolvimento econômico e social dos povos e tornar efetivos os direitos e liberdades humanas de acordo com a Carta das Nações Unidas.

(...)

Internet: <www.mp.ma.gov.br>.

A partir do fragmento de documento apresentado, julgue os itens a seguir.

44. Como documento oficial, a declaração acima deve ser precedida de identificação e data no seguinte padrão:

AGNU – Declaração nº 3.384/1975

Nova York, 10 de novembro de 1975.

45. O uso das letras iniciais maiúsculas em **Tomando** e **Levando** indica que as vírgulas depois de **Geral** e **humana** devem ser substituídas por ponto, para se atender às regras gramaticais da norma culta usada em documentos oficiais.

46. No último parágrafo, justifica-se a flexão de plural em **internacionais** pela concordância desse adjetivo tanto com **paz** quanto com **segurança**; se a flexão fosse de singular, as regras gramaticais seriam atendidas, mas a clareza do documento seria prejudicada.

47. Por causa das ocorrências da conjunção *e* (último parágrafo) no mesmo período sintático, o conectivo **assim como** tem a dupla função de marcar a relação de adição entre as orações e deixar clara a hierarquia das relações semânticas.

48. Diferentemente do documento declaração, o fecho de um documento no padrão edital deve seguir o seguinte modelo.

Brasília, 7 de dezembro de 2008.

Fulano da Silva Tal
Diretor-presidente da BRBRBR

PROVAS DISCURSIVAS

TRT 13ª Região/ Execução de Mandatos

Tendo em vista a inauguração da nova sede do TRT, prevista para o próximo mês, redija, **em nome do Analista Judiciário José Brasileiro da Mata**, um OFÍCIO dirigido ao Presidente do Tribunal Superior do Trabalho, informando-o da cerimônia e solicitando sua presença.

Atenção:
1. Deverá haver respeito à estrutura exigida por esse tipo de texto.
2. O texto deverá ter a extensão mínima adequada a essa modalidade.

TRF 4ª Região/Área Judiciária

REDAÇÃO OFICIAL

Atenção: o relatório sobre a situação abaixo descrita deverá ter a extensão mínima de 20 linhas e máxima de 30 linhas.

Há, no setor em que você atua, cinco computadores ligados à rede, nos quais estão instalados programas e sistemas relacionados à rotina do Tribunal.
Considerando que esses aparelhos estão apresentando problemas de manutenção, pela qual você é o responsável, elabore um relatório, que será encaminhado à sua chefia imediata, a respeito dos serviços necessários, apontando:
a) situação geral;
b) problemas encontrados;
c) providências a serem tomadas;
d) responsabilidades.

TRT 20ª Região/Execução de Mandatos

Observando-se a **formalidade**, a **impessoalidade** e a **padronização** que, entre outros atributos, devem caracterizar uma redação oficial, atenda ao que abaixo se pede.

1. Redija um **ofício**, dirigido a seu superior hierárquico de um órgão do Poder Público – **superior hierárquico** e **Poder Público** que cabe a você determinar quais sejam.
2. O assunto desse ofício deve ser a **necessidade de aquisição de livros especializados**, atinentes aos trabalhos de sua seção.
3. Fundamente, de modo claro e objetivo, as razões dessa necessidade.

Na redação desse ofício, atente para todas as normas do padrão culto da língua, com especial atenção para as formas de tratamento.

Oficial de Ensino e Pesquisa

Enquanto oficial de ensino e pesquisa, você participou da comissão que elaborou o concurso público 01/2005 de Oficial de Ensino e Pesquisa, aplicando provas teóricas em 2/4/2005. É solicitado a você que faça a ata desta parte do processo e relate as ocorrências da situação.

(Para a elaboração desta questão, você pode criar todas as informações necessárias, obedecendo aos padrões de redação para este tipo de texto.)

GABARITO

1. c	**13.** a	**25.** c	**37.** c
2. b	**14.** b	**26.** e	**38.** e
3. d	**15.** b	**27.** e	**39.** c
4. a	**16.** c	**28.** e	**40.** c
5. a	**17.** e	**29.** c	**41.** c
6. c	**18.** c	**30.** c	**42.** e
7. d	**19.** e	**31.** e	**43.** c
8. e	**20.** c	**32.** c	**44.** e
9. d	**21.** c	**33.** c	**45.** e
10. a	**22.** e	**34.** e	**46.** c
11. b	**23.** e	**35.** c	**47.** c
12. e	**24.** e	**36.** c	**48.** c